シリーズ　総合人間学 3

現代の教育危機と総合人間学

柴田 義松［編］

学文社

執筆者一覧

＊柴田　義松	東京大学名誉教授	教育学	［序章，終章］
正木　健雄	日本体育大学名誉教授	体育学	［第１章］
西田　隆男	自由の森学園 スクールカウンセラー	健康教育	［第２章］
横湯　園子	中央大学教授	心理学	［第３章］
大田　　堯	東京大学名誉教授	教育学	［第４章］
尾関　周二	東京農工大学教授	哲学	［第５章］
小林　直樹	東京大学名誉教授	憲法学	［第６章］
堀尾　輝久	東京大学名誉教授	教育学	［第７章］
西郷　竹彦	文芸教育研究協議会会長	文芸学	［第８章］
北原　眞一	作家		［第９章］
牟田　悦子	成蹊大学教授	障害児教育	［第 10 章］
岩田　好宏	元千葉県立千葉高等学校教諭	教育	［第 11 章］
佐竹　幸一	株式会社サタケ社長	実用的人間学	［資料２］

（執筆順／＊印は本書編者）

はじめに

私ども有志は、二〇〇二年から足掛け五年にわたり、総合的な人間学の共同研究を重ねた結果、二〇〇六年五月に総合人間学会を発足させた。この学会の志向と趣旨は、同年一月、各方面に向けて発したアピール文に明示されているので、その再確認と広告を兼ねて、（口語文を文語体に直した形で）以下に再録することにする。

総合人間学に向けて

私どもはこの三十余年、日本社会の片隅で、地道に人間研究を重ねてきた。その結果、私どもは総合的人間学の必要と、そのための各学問分野における指導的諸学者の参加による大きなシンポジウムの場をつくる必要を痛感した。以下にその理由と併せて、斯学に関心をもっておられる諸兄姉のご理解と参加を強く期待し、ここにお誘いのアピールをする次第である。

二〇〇六年一月

総合人間学会設立準備委員会

現代の人類は、高度の物質文明を発展させながら、向うべき目標を見失い、自らつくり出したカオスの中に、当てもなく、さまよっている感がある。――諸国家は自らの国益追求にのめりこみ、「人類益」など眼中になく、諸個人もまた目前の利益を追って、倫理なきマンモニズム（拝金主義）を世界中にはびこらせている。その結果、人類はいたるところで自らの生存基盤であるエコシステムを破壊し、自らの墓穴を掘りつつある。人類はまた、大量の破壊兵器を作り、非人道的な殺傷をくりかえして、他の生物には見られない残酷な同種間殺戮を大規模に行っている。

さらに現代人は、急速に発達したバイオテクノロジーを使って、これまでは「神の領域」とされていた遺伝子操作を行い、クローン人間まで作りかねない状態にある。他面で現代人は、飛躍的にすすんだ情報機器と情報システムを駆使して、かつてない便宜を享受しながら、それらの道具にふりまわされて自己を見失い、新しい犯罪や複雑な人間関係に悩まされている。

こうした状況に加えて、人類は地上の覇者として地球の表面をほとんど占有・支配しながら、人口を激増させて、食料・水・土地・森林・石油などの資源を浪費し、それらの欠乏から、危険な〝資源競争〟をまねき、難民を大量に発生させ、グローバルな社会的緊張や混乱を招来してきた。こうした例は、数えあげればきりがない。これらの「世界問題」は、現代の人類をこれまでにない重大なターニングポイントに立たせている。しかもこうした世界問題は、本格的な解決を図らなければ、人類と文明を危うくすることが確実であるのに、その解決への方途も、共同作業もはなはだ遅れている。今日における世界の閉塞状況の根源は、まさにこのような人間の矛盾した生きざまにあるといえよう。

ところで、上例の諸問題にはそれぞれに特有の原因が考えられるが、その奥には共通の原因として、人間の欲望と意志と活動があって、これらの問題はすべて人間の「身から出た錆」と言わざるをえない。したがって、今日のグローバルな難局に対処するには、人間というものの真摯な自己認識と反省が不可欠といえよう。現代人の直面する文明の矛盾は、ほかならぬ人間の自己疎外に根ざしているといっても過言ではないと思われる。〝汝自らを知れ〟という古代ギリシャの神殿の託宣は、今日にあっては、総合的な人間学の要請となっていると、私どもは考える。

なお、「自らを知る」という課題は、上記のような文明論との問題にとどまらず、物事を考えるすべての人々の生き方に関わる問題である。人間として地上に生を享けた私たちは、「自分がどこから来てどこへ行く存在であるか、人間たる自分は何者であり、どう生きるべきか」を考えないでいられない。自分とは何かを考えないで、単なる生物として暮らすのでは、人間として生まれた価値は得られないであろう。ところが、生活が複雑になり、人々が日々の多忙な生活に追われている現代では、大方の人々は過剰な情報や仕事や目前の雑事の中に埋没し、自らを省みて「生きる」ことの意味を深く考える時間ももたない。これも、現代人が当面している非常なパラドックスであり、一種の疎外現象である。

こうした状況のなかで、人間を全体として見直し、文明のありようを根底から再検討するために、現代の科学と哲学の精華を集め、自由で心ゆたかな共同討議の場をつくろうではないか――私どもはこのように考えて、新しい人間学の創造を識者に訴え、本格的な共同研究を始めたいと念願している。いうまでもなくこれは、きわめて困難な課題である。二十世紀初頭すでに、鋭敏な識者たちは、特殊科学がますます増大する反面で「人間の本質」はむしろ蓋い隠され、今日ほど人間が問題になった時代はないと指摘した。この半世紀に物理学・生物学・電子工学・脳生理学等々の諸領域で生じた〝科学革命〟は、旧来の世界観の変革を促すような新知見をもたらした結果、皮肉にも人間の統一的把握はいっそう困難になって、この傾向はこれからもますます強まり、人間に対する全体知は、積極的にそれを求めない限りますます遠ざかることになるであろう。――逆説的な言い方になるが、それだからこそ、〝人間と世界〟の全体像を得るための研究と討議の場が、必須となっているといわねばならない。

もちろんこの仕事は、さしあたり研究・討議の組織だけ考えても、大変な難事である。方法上の観点からも、全体論的把握には、検証不能の領域に踏み込んで科学的認識の範囲を逸脱するという難点もある。しかし、各学問分野が還元論的な個別の研究にとどまって、人間と世界の全体像を失う今日の問題状況の克服をめざさない限り、人間学は決定的に破産し、人間の自己認識も歴史の方向づけも断念されなければならなくなるであろう。つまるところ、各分野での個別の研究を積み重ね、そのなかから人間認識に不可欠な知見をもらさず拾い出し、それらを体系的に整序する作業をくりかえすことで、全体像に接近するしかないであろう。

このためにまず、人間研究に必要な諸課題を整序し、それらについて具体的な研究プログラムをつくり、各方面から討議を行っていくことが、当面の仕事となろう。それにはまた、諸科学の分野から参加された人々の自由かつ闊達な討論の場を造らなければならない。私どもが総合人間学会を発足させ、上記の志向をもつ凡ての真摯な〝学生《がくしょう》〟たちに、〝開かれた学〟の場を設けようと呼びかける所以である。研究者・教師・文学者・医師あるいは宗教家などの専門諸家に限らず、老若男女を問わず、同じ志を抱く全国の人士に、参加と御協力をお願いする次第である。

＊

ところで、この学会の出発に際し、私どもはこれまで三年余り行ってきた共同研究の成果を江湖に発表し、斯学に関心のある方々の参考に供し、かつまた種々の御批判や御意見を承るよすがにしたいと考えた。ここに『シリーズ総合人間学』として世に出《よ》される三巻本は、上記共同研究の諸報告中から適宜選んで編集されたものである。各研究会の報告《リポート》の仕方によって多少のパラつきはあるが、全体として右の趣旨に沿い、――各論文はいずれも試論として、検討すべき種々の問題を残しているであろうが、――大方の参考に供しうるものとなっていると思う。これまでのこうした作業はまた、これからの学会活動や共同討議の資料としても、有意味に用いられる一つのステップになると信じる。

二〇〇六年九月

〔小林　直樹〕

目次

序章　子どもと教育の危機から人間を問い直す

柴田義松

1　問題の所在――二十世紀教育の負の遺産

二十世紀の夜明けを前にしてスウェーデンの教育家エレン・ケイ（一八四九～一九二六）は、「やがて二十世紀は子どもの世紀となるであろう」と、子どもの権利が認められ、尊重される社会実現への期待をこめて熱っぽく語っている（ケイ『児童の世紀』一九〇〇年）。

だが、この書は、ロマンチックな夢だけを語ってはいなかった。

「私のこの夢の学校は、政府がその軍備に大きな犠牲を払っているかぎり、この世に現れてはこないであろう」と予言していた。

「子どもの権利条約」は、たしかに国連総会で一九八九年に採択された。しかし、彼女の夢見た学校の実現には一〇〇年後の今日なお道遠しの感を否めない。

いわゆる先進国の人間が、快適な生活を求めて経済成長と富の蓄積を飽くことなく追求し、その成果を謳歌した二十世紀は、戦争と環境破壊の世紀でもあった。その結果として、人類の存亡にもかかわる数々の難題（地球規模における貧富の格差拡大、人口・食糧問題、環境破壊、エネルギー問題、核戦争の危険等）が、二十一世紀に生きるわれわれに突きつけられている。

二十世紀における学校教育の発展は、同じような光と陰の交錯する矛盾に満ちた軌跡であった。明治以降の日本の学問と教育は、実用主義と功利主義に傾き、政府の国家政策に奉仕するかたちで発展してきた。

「学問は身を立るの財本」ともいうべきもの。学校にてそれを学ぶ目的は「人々自ら其身を立て其産を治め其業を昌に」するにありとした一八七二（明治五）年の『学制』は、日本の近代化に画期的意味をもつものであったが、同じように「古来世間の儒者和学者……漢学者」の「実なき学問」を否定し、「もっぱら勤むべきは人間普通日用に近き実学なり」と、高らかに明言した福沢諭吉の『学問のすすめ』とともに、日本の学校教育を実学＝実用主義に方向づけ、傾斜させる出発点でもあった。

「学問と教育とは別」

日本の学校のこの実用主義にさらに大きな転換をもたらしたのは、一八八五（明治一八）年に初代文部大臣となった森有礼が打ち出した文教政策の重要な方針の一つ「学問と教育とは別」という鉄則であった。すなわち、大学は「国家ノ須要ニ応スル」という限定つきながらも「学問」するところとしたのだが、一般民衆の学校は「教育」をするところだとして、両者を峻別し、その教員を養成する師範学校も、学問ではなくて「順良信愛威重ノ気風」を備えた善良なる人物の教育こそが肝要だとしたのである（師範学校令、一八八六年）。

「学問と教育とは別」という、このいわば鉄則は、日本のその後の学校教育のあり方に現在に至るまで絶大な影響を及ぼすものとなった。

このようにして「実学」が「国家ノ須要ニ応スル」学問となり、教育もまた「富国強兵」に奉仕する方向に大きく傾いていくようになったとき、その近代化政策を鋭く批判する論も同時に現れていたことは注目するに値する。

「富国強兵の二者は天下の最も相容れがたき事」であり、「明治の進歩」は「目前の必要に応じ、手当たり次第に開国し、目暗滅法に進取し、雛形無しに建築し、図面無しに構造し」た『盲目的進歩』（中江兆民）であって、その結果「腐敗堕落の一社会」を招来してしまった。これは、「我邦人は利害に明にして理義に暗らし、事に従ふことを好みて考ふることを好まず」という気風下にあるからだと中江兆民は言い、「そもそも国に哲学無き、あたかも床の間に懸物無きが如く、その国の品位を劣にするは免るべからず、……哲学無き人民は、何事を為すも深遠の意無くして、浅薄を免れず……極めて常識に富める民也、常識以上に挺出することは到底望む可らざる也、すみやかに教育の根本を改革して、死学者よりも活人民を打出するに務むるを要す」（『一年有半』）として、実用主義・功利主義に傾く明治の近代化政策を厳しく批判したのである(1)。

このような近代化の矛盾を極端なかたちで典型的に示してきたのが、日本の学問と教育の歴史であり、実態であろう。そして、いまやその歪みは醜いほどのものにまでなってきているのに、現在進められようとしている「教育改革」は、その歪みを是正するどころか、ますます拡大する方向に向かおうとしているのではないだろうか。学校週五日制の新学習指導要領公布を契機に「学力低下」がマスコミで騒がれているが、子どもの学力と学び方に関してより本質的な問題は、子どもたちの間の学力格差拡大であり、さらには学力の構造やその質の歪みの問題であろう。

日本の学校での子どもの学び方が一九六〇年代に始まる高度経済成長以降、過熱する受験競争によっていちじるしく歪められてきたことは国際的にも有名となり、国連・子どもの権利委員会からの勧告が日本政府に対して出されるほどになった。

「教育制度が極度に競争的であること、その結果、教育制度が子どもの身体的および精神的健康に否定的な影響を及ぼしていることに照らし、本条約第三条、第六条、第一二条及び第三一条に基づいて、過度なストレス及び不登校を防止し、かつそれと闘うための適切な措置を取るべきことを貴締約国に勧告する。」(一九九八年六月)

②　いま、子どもはどうなっているのか

「衣食足りて礼節を知らず」ということが、いまの子どもについて言われている。人間は、基本的な欲求が満たされれば、満足するかというと、どうもそうではないようだ。今は、衣食足りて、物はいっぱいあり、基本的欲求は十分に満たされている。だが、なおもより大きな満足を、より大きな快楽を求めようとするのが、人間というものらしい。

しかし、より大きな満足や快楽をどこに求めるのかが問題である。そこで、人はさまざまに分かれていく。求めるものが、スポーツとか芸術、学問のような領域であれば、どこまで追求しても限りはないし、弊害があったとしても少ないだろう。

いま、子どもたちのあいだで起こっている問題というのは、そういう方向ではない。刺激や快楽を求める先が違っている。子どもたちの起こす軽犯罪で、もっとも多いのは万引きである。万引きで捕まる子どもは、必ずしも貧しい家庭の子どもではない。家庭が貧しくて、万引きするのではない。つまらない、退屈だからというので、他人のものを盗んだり、弱い者いじめをしたりする。また、中学生が小学生や教師を殺すということまで起こっている。

学校現場では、「学級崩壊」ということが今しばしば問題になっている。これも多くは、弱い者いじめから始まっている。グループで、いじめをする。それがリーダーいびりになり、リーダーいびりが、教師いびり

に進むと、学級崩壊、授業崩壊につながる。この学級崩壊は、二十一世紀への転換の頃からよく起こってきて、朝日新聞で連載したこともある。そのときの調査で、大阪府の小学校の場合、学級崩壊が起こっているのは七％の学校で、全学級数から計算すると〇・五％だという。学級崩壊の認定そのものも曖昧だろうから、それに近い状態の学級も含めるとすると、この数やこのような状況はもっと多く拡がっているようにも思われる。全国連合小学校長会が二〇〇四年に実施した全国調査によれば、回答した四六八校、一一二三学級のうち、八一校（一七％）、一五二学級（一三％）に及んでいた。当初は一桁台であったものが、あきらかに学級崩壊は二十一世紀に入って増加傾向にあるのである。(3)

このようないじめとか学級崩壊、あるいは不登校、引きこもり、さらには、子どもの「からだのおかしさ」「新しい荒れ」といった問題が、食べるものなどはいっぱいある「飽食の時代」にどうして拡がり、増え続けているのか。

これは、現代人間学の問題として、いろいろな角度から追求しなくてはならない一つの切実な課題だと言ってよいだろう。

ところで、私自身の少年時代は、戦争の末期から敗戦直後にかけ食べるものが不足し、いつもお腹を空かしていた。まさに半飢餓状態にあったことを、今でも生々しく思い出す。その後の半世紀ばかりの間に、日本社会は大きな変貌をとげたのである。

その間に、子どもたちの生活はどのように変化し、子どもの欲求や欲望、要求にはどのような変化が起こったのか。また、それらに対応する学校や教師はどのような教育を行ってきたのか。そして、「飽食の時代」といわれる現代、子どもたちが引き起こす上述のような、いじめ、不登校、学級崩壊といった教育病理現象がどのような歴史的・社会的背景のもとで発生し、どのような対策がとられてきたのか。そのなかで、子どもについての見方が、どのように変わってきたのかを簡潔に素描してみることにしたい。

3　戦後「新教育」の時代の児童観

戦後「新教育」の時代というのは、敗戦の翌年から一九五七年頃までの約一〇年間をさす。マッカーサーの率いるアメリカ占領軍がやってきて、'Give me chocolate' と子どもたちが占領軍兵士に群がる風景から始まっている。

大都市では、家を焼かれ、親子ばらばらに生き別れて、浮浪児になった子どもも少なからずいたし、皆が飢えに苦しんでいた。家財道具もほとんど失われ、食べ物だけでなく、何もかも乏しくて生きるのが精一杯の暮らしがしばらく続いたが、なんらかの明るい希望が失われずにすんだのは、戦争が終わり、戦時中の厳しい抑圧から解放されたという安堵感が誰にもあったからだろう。

マッカーサー司令部からの日本民主化に関する五大改革指令（婦人の解放、労働組合の結成奨励、学校教育の民主化、秘密審問司法制度の撤廃、経済機構の民主化）が、敗戦の年の一〇月一一日に出されていたということの影響も大きい。

子どもにとっては与えられるものが乏しく少なかっただけに、求める欲求はしだいにより強くなっていき、遊びにせよスポーツや読書にせよ、より楽しいもの、より新しいものを積極的に求めようとする姿勢が強まっていく時代でもあった。

学校教育の改革のうえでは、敗戦の翌年三月に来日したアメリカ教育使節団の報告書が大きな影響をもたらした。この報告書の示した筋書きに従って、わが国戦後の教育制度改革の大部分は進められていったのだが、この報告書のなかに流れる根本精神の一つは、児童中心の教育（child-centered education）であった。

「われわれの最大の希望は子どもにある。事実、彼らは将来という重荷を背負っているのであるから、重い過去の遺産に押しつぶされてはならない」というのである。教育のあらゆる営みは、「特定の環境にある生徒が出発点でなければならない」として、子どもと過去の文化遺産とをこのように対置するところに、いわゆる児童中心主義、ドイツ語では Vom Kinde Aus「子どもから」の思想が端的に表わされている。

この報告書の思想は、直ちに文部省著の『新教育指針』（一九四六年）や『学習指導要領（試案）』（一九四七年）に忠実に受けとめられ、全国の学校のカリキュラムにも反映されていった。

「児童の生活活動に重点をおく教育においては、児童の生活に即して教材も選択され、取り扱い方も工夫せられなければならない。……児童の生活に即することを考えるとき、まず児童の興味が問題になる。……児童の生活活動に重きをおく新しい教育においては、興味が選択の標準でなければならない。」（文部省『新教育指針』）

子どもの教育においては、何をするにしても、子どもの声、要求、希望をまず聞き、子どもの興味・関心に基づいて行われなければならないというのである。このような児童中心主義の思想に基づく教育改革は、二十世紀初頭に国際的な拡がりを見せ、わが国でも大正から昭和の初頭にかけて一時このような教育改革運動が盛り上がったが、長くは続かなかった。十五年戦争による軍国主義体制への傾斜の影響が大きいが、この思想そのものにも、科学・技術の基本を含む過去の文化遺産の伝達を軽視したり、児童観・社会観・歴史観等に楽観的にすぎるところがあるというような弱点があった。そのため、戦後の「新教育」についてもその「牧歌的」な甘さが、「基礎学力の低下」批判とともに指摘され、一〇年足らずの短命で終わることになるのである。

4 高度経済成長時代の教育と人間観

戦後の「平和と民主主義の教育」を旗印とした「新教育」の見直しを迫る政財界からの要求は、一九五〇年代に入るとつぎつぎと出されるようになる。とりわけ朝鮮戦争による特需景気によって息を吹き返した産業界は、折からの技術革新と経済成長のために必要な人的能力（Man power）を確保するという立場からの教育改革を執拗に迫った。たとえば、日本経営者団体連盟（日経連）は、「初等中等教育制度の単線型を改めて複線型とし、中・高等学校において生徒各人の進路・特性・能力に応じ、普通課程と職業課程に分けて効果的能率的な教育を実施する」という考えを盛り込んだ「科学技術教育振興に関する意見」を、早くも五七年に発表している。

技術革新は、一方で高度の科学的知識を必要とする技術的労働を生み出すとともに、他方で従来よりも単純な労働を大量に生み出す。したがって、産業界の教育要求というものは単純ではなく、おおよそ二重構造の様相を呈していた。

高度経済成長下のわが国教育政策の基調となったのは、経済審議会人的能力部会の答申「経済発展における人的能力開発の課題と対策」（一九六三年）であった。「教育においても社会においても、能力主義を徹底する」ことを求めたこの答申に応えるかたちで出された中央教育審議会（中教審）答申「後期中等教育の拡充整備について」（一九六六年）は、まさにこうした産業界の要求に応え、教育の内容および形態を「各個人の適性・能力・進路・環境に適合するとともに、社会的要請をも考慮して多様なものにする」という中等教育の能力主義的再編を提案するものであった。

科学教育の「現代化」を重点目標の一つとした一九六八～七〇年の学習指導要領改訂は、こうした教育制度の能力主義的再編と結びついて行われたものであった。したがって、そこで目指された教育内容の「現代化」は、技術革新と経済の高度成長を目指す産業界に必要なハイタレント養成には強い関心があっても、そのような教育内容の高度化についていけないおそれのある生徒をどうするかという問題には特別の関心を寄せない性質のものであった。なぜなら、そのような学習についていけず、落ちこぼれ、進学をあきらめる就職組の生徒たちこそ、産業界にとっては、「金の卵」であったからである。

このマンパワー・ポリシーは、ある意味で下からも支えられる面があった。戦前のいわば身分制的要素が残る社会と比べれば、家は多少貧しくとも、試験で合格する能力がありさえすれば、いい高校へ入り、いい大学へも進むことができる。そういう能力主義的体制に大衆がすすんで参加していったということである。実際に、高校等への進学率は、一九五〇年には四二・五%であったのが、六〇年代に急上昇し、六五年には七〇・七%、七〇年には八二・一%、そして七四年には九〇%を超えるに至った。しかし、文部省は、高校全入運動を退け、高校増設を抑制したため、七〇年代半ばには進学率の上昇も頭打ちとなった。

このようにして、技術革新と生産性向上を基礎とする高度経済成長政策は、日本の産業構造のみならず、都市・農村の生活構造にも重大な変化を引き起こし、そのことが子どもの成長・発達に重要なかかわりをもつ地域の生活環境をはじめ家庭その他子どもの生活環境やそこでの子どもの生き方にも大きな影響を及ぼすようになった。

一九六〇年代から七〇年代にかけての地域の変貌が子どもの生活の中に引き起こした変化について、三重県農村地帯のある教師は次のように語っている。

「子どもの遊び場も、遊びの中身も、自然との調和の生活も、ことごとくうばわれ、親との生活ともきりはなされ、親と共に働く中で、体験を通して生活の知恵を身につけ学びとってゆく場も、機会もなくなってしまいました。自分の思いや考えがきちんともてなくなっている子や、知識はいっぱい習得しても実践が伴わない子など、今の子どもの姿ではないでしょうか。地域や自然とのふれあいが子どもの内面を豊かにし、体をくぐりぬけた労働や遊びが、物の見方、考え方、行動の仕方を育てていったのですが、今の子どもをとりまく条件は、そういったものがほとんどなくなっています。(2)」

このような生活のなかで子どもたちに形成されるいわゆる生活的概念(ヴィゴツキー)が、科学的概念の発達にとって脆弱な基盤にしかなりえないことはいうまでもない。

そのことを認識した教師たちにより、地域の生活を守り、改善していく運動と結びついて「地域に根ざす教育」を進める運動が一九七〇年代にはいると活発に展開されるようになった。

他方、七〇年代も半ばになると高校への進学率が頭打ちとなるとともに、授業についていけない「落ちこぼれ」の問題が浮上してきた。このとき、数学教育者の遠山啓たちは、いわゆる「落ちこぼれ」は子どもが悪いのでなく、教師が「落ちこぼし」をしているのであり、学校の側がもっといい教育をすれば子どもも落ちこぼれなくてすむのだと主張した。それに同意し、実際に「落ちこぼれ」をできる限り無くそうと努力する教師たちも少なからずいた。この様子を実際に見たアメリカの教育学者カミングスは、日本の学校教育の平等主義としてこれを高く評価し、次のように述べている。

「アメリカの学校は、個人がそれぞれ異なった能力をもっているということを前提にしている。最近の教育革新(オープン・スクールの教育のこと——引用者注)の多くは、このような前提に立って主張され、実施されたものである。……アメリカの教師とは対照的に、日本の教師は、子どもが能力において平等であり、成績に差が生じるのは、生徒の努力不足によるものだと考えている。しかし、生徒が努力しないのは、教師の教え方がまずいからだとみなしている。」

「集団を編成するにあたっては、いろいろな配慮が払われるが、一般には多様な能力の生徒を一緒にしてバランスのとれた集団を作り、相互に助け合うように奨励する。……教師は、生徒間の能力差を認めてはいるが、すべての生徒を共通のレベルに引き上げようと努力することこそ、民主社会における公立学校教師の責務だと考えている。すなわち、できない生徒を犠牲にしてできる子を伸ばすよりは、できる子の協力を得て、できない子を引き上げようとしているのである。(3)」

このようにして、八〇年代の頃からアメリカでは日本の教師の平等主義的やり方に学べという動きが始まる。ボーゲルの『ジャパン・アズ・ナンバーワン』もこの頃刊行されている。ところが、ちょうどこの頃から、日本では逆に戦後の平等主義教育を否定する動きが急速に勢いを増すようになるのである。

5 新自由主義の教育政策と人間観

現在わが国で進められようとしている教育改革は、戦後政治の総決算をねらった中曽根康弘首相の主導による臨時教育審議会(一九八四~八七年)の改革提言に端を発している。明治以来の「画一的、硬直的、閉鎖的な学校教育の体質」を打破し、「個性重視の原則」に立って「教育の内容、方法、制度、政策など教育の全分野について抜本的に見直し」、「二十一世紀に向けて社会の変化に積極的かつ柔軟に対応していく」のに必要とされる資質、能力として「創造性、考える力、表現力」などの育成を重視するために、種々の規制を緩和し、学校教育の多様化、選択の機会の拡大など自由競争原理の導入によって学校・家庭・地域の「教育力の回復と活性化」をはかろうというのである。

自由競争の市場原理を公教育の世界に導入し、公教育の「スリム化」をはかろうとする当時としてはかなり大胆なこの改革構想は、規制緩和に反対する文部省側の抵抗もあったりしてただちに実現することはなかったが、九〇年代初頭に始まる国際情勢の激変が事態を大きく変えた。すなわち、ソ連邦崩壊、米ソ冷戦構造の終焉により経済的には世界市場が一挙に拡大し、日本企業の多国籍化・グローバル化も急速に進んで、多国籍企業間の「大競争時代」に突入することになった。国内的には五五年体制（自社＝保守・革新政治体制）崩壊後の政界再編、バブル経済の崩壊等があって、政府も抜本的な行政改革（中央省庁の再編）、財政構造改革、金融構造改革等のラジカルな構造改革に取り組まざるをえなくなった。

「二十一世紀を展望した我が国の教育の在り方について」審議した中央教育審議会の教育改革構想（一九九六年）は、こうした危機意識に立つ財界の後押しで政府の進める国家構造改革の一環として打ち出されたものである。経済同友会の「学校から「合校」へ」（一九九五年）の提言や経済団体連合会の「創造的な人材の育成に向けて——求められる教育改革と企業の行動」（一九九六年）の提案等は、中教審の審議に明らかに大きな影響を与えている。

経団連は、「このままでは世界における指導的国家の一つとして活力ある日本を築くことはできない」という危機意識から「カリキュラム編成の弾力化」「公立中学校における学校選択の幅の拡大」「独創的人材の育成のため飛び級の実施拡大、すぐれた素質・才能を早期に見出し、これを伸ばす教育」「企業による「教育支援ネットワーク」づくり」といった改革案を提言したのである。こうした財界からの「規制緩和」に関する強い要望があって、このたびは文部省も長年の軌道修正を余儀なくされ、教育の「多様化」「選択の自由」拡大路線を強力に推し進めるとともに、「公教育のスリム化」の新たな方向を「教育改革プログラム」（一九九七年）に盛り込むようになった。

中教審答申などで教育の「基調の転換」ともいわれたことに関係する主な項目をあげてみれば次のようになる。

● 学校制度の複線化構造を推し進め、子どもや保護者の選択の機会の拡大を図り、中高一貫教育を学校設置者の裁量により導入することができるようにする。

- 数学・物理の分野で希有な才能を有する者を対象に大学入学年齢制限を緩和する。
- 公立小・中学校の通学区域の弾力化の取り組みを促進する。
- 学校週五日制の実施と、そのための教育内容の厳選。
- 「基礎・基本の確実な定着」を図ることと、「個性を生かす教育の充実」
- 「総合的な学習の時間」の設定、選択幅の拡大を中心に、各学校の創意をいかした体験的な学習や問題解決的な学習の充実を図る。
- わが国の歴史・文化と伝統の尊重や国際化、情報化、環境問題など社会の変化への適切な対応を重視する。

学校週五日制の「教育課程の基準」を審議した教育課程審議会が、その答申（一九九八年）で示した教育課程の基準改善の方針――すなわち「これからの学校教育においては、これまでの知識を一方的に教え込むことになりがちであった教育から、自ら学び自ら考える教育へと、その基調の転換を図り、子供たちの個性を生かしながら、学び方や問題解決などの能力の育成を重視するとともに、実生活との関連を図った体験的な学習や問題解決的な学習にじっくりとゆとりをもって取り組むことが重要である」という考えは、こうした一連の新しい教育「自由化」政策の一環として打ち出されたものである。

学力格差の拡大は国策か

これら政府の「教育改革プログラム」等に見られる「上からの教育改革」は、相変わらず実用主義と功利主義の基本方針のもとで経済成長と大企業の利害を最優先した教育政策といえよう。そこでは、「個性重視の原則」の名のもとに従来からの能力主義、マンパワー・ポリシーに基づく多様化政策が一段と強力に推し進められ、選択の自由の拡大とか、子どもたちが「自ら学び自ら考える」教育への「基調の転換」が唱えられるものの、子どもの主体性や教育の独自性尊重の姿勢は見られない。学習指導要領による教育内容の国家統制の構造は揺ぎなく、「国旗・国歌法」の制定等によりむしろ強化されるようになってきている。新自由主義と新保守主義とは表裏一体となっているのである。

また、「総合的な学習の時間」の創設等により「創造的人材」の育成には力を入れるものの、教科内容や授業時数の大幅削減は、生徒間の学力格差をいっそう拡大するおそれがある。教育内容を三割削減した新学習指導要領が発表されるや、基礎学力の低下と学力格差の拡大を憂慮する声がマスコミを通し沸き起こってきたのに対し、文部科学省の立場を代弁する寺脇研審議官らは「新しい学力観」に立てば問題はないはずと弁明していたが、「平等主義」の教育を否定し、学力低下を積極的に是認する論調も現われるようになった。前教育課程審議会会長で、「生きる力とゆとり」教育推進の最高責任者であった三浦朱門の発言がもっとも露骨である。

「平均学力が下がらないようでは、これからの日本はどうにもならんということです。つまり、できん者はできんままで結構。戦後五〇年、落ちこぼれの底辺を上げることにばかり注いできた労力を、できる者を限りなく伸ばすことに振り向ける。百人に一人でいい、やがて彼らが国を引っ張っていきます。限りなくできない非才、無才には、せめて実直な精神だけを養っておいてもらえばいいんです。……それが「ゆとり教育」の本当の目的。エリート教育とは言いにくい時代だから、回りくどく言っただけの話だ。……教課審では江崎玲於奈さんの言うような遺伝子診断の話はでなかったが、当然、そういうことになっていくでしょうね。」

「学力低下」は当然のこととして予定しながら、新学習指導要領は作成されたということだ。また、江崎玲於奈は首相の「私的諮問機関」という教育改革国民会議の座長を務めた人物だが、「優生学」を口にしはじめている。「人間の遺伝情報が解析され、持って生まれた能力がわかる時代になってきました。……能力の備わっていない者がいくらやってもねえ。いずれは就学時に遺伝子検査を行い、それぞれの子供の遺伝情報に見合った教育をしていく形になりますよ。」というのである。今や「政財官労挙国一致で、無知で〝実直な〟人間を多く産み出すための教育改革を推進する体制を構築するに至った」「社会ダーウィニズムの台頭」だというのがジャーナリスト斎藤貴男のまとめである。(4)

6 日本の子どもの学び方と学力の実態

日本の子どもは、いま学校でどんな学び方をし、どんな学力をつけているのだろうか。その実態を知るうえでは、国際比較が一つの客観的な指標となる。国連・子どもの権利委員会からの批判も受けた「極度の競争的」で受験勉強に偏る日本の子どもの学び方は、このような批判を受けながら、皮肉にも国際的な数学・理科の学力比較調査では、これまでずっと最高位の成績をあげてきた。中学生の数学の学力は、過去三回(一九六四、八一、九五年)、回を重ねるごとに成績は少しずつ下がってきているものの、参加国のなかで最上位を占めている。理科の学力も同様に高い水準にあるものの、小・中・高校と学校段階が上がるにつれて相対的に低下し、高校生では調査対象一五カ国のなかで中位となっている。しかし、より注目すべき問題は、数学や理科の学習が嫌いだという子どもがわが国の場合、諸外国と比べて際立って多く、それも学年を重ねるごとに増加する傾向が見られるということである。

第三回国際理数教育調査(TIMSS、一九九五年)およびその追加調査(一九九九年)における中学二年生の両教科に対する意識調査の結果を見てみると、「理科は生活の中で大切と考える生徒の割合」と将来「科学を使う仕事をしたいと考えている生徒の割合」で、日本は一番低いレベルに位置している。アメリカの子どもと比べると両者ともにその割合は約半分である。その他の関心・態度に関する項目についても日本は国際平均値をいずれも下回っており、しかも四年間でさらに大きく減少している。

さらに経済開発協力機構（ＯＥＣＤ）が行った一般市民の「科学リテラシー」のレベルは、ポルトガルと並んで日本は最下位にあった。これは、「光と音でどちらが速いか」「分子とは何か」「放射線とは何か」など二〇問に対する解答の結果である。この一般市民調査が行われたのは九一年で、中学校在学中には上述の第一、二回国際理科教育到達度比較調査（ＩＥＡ）で一位・二位の好成績をあげていた世代である。日本の学校が子どもに育てた学力は、卒業するとたちまち「剥落」してしまうという戦前から指摘されてきた知識「剥落」現象が今も続いていることを示している。この一般市民の科学リテラシーと中学二年生が数学・理科で示した学力との相関関係を示した図を見てみると、日本だけが特異であることが一目瞭然である。この一般市民調査は、科学・技術上の新発見や新しい開発・工夫・環境汚染問題等への関心についてもその度合いを調べているが、日本はすべての項目で最下位であった。子どもの数学・理科に対する消極的な関心・態度を明らかにしたＩＥＡの調査とまったく同じ傾向にあることを示しているのである。

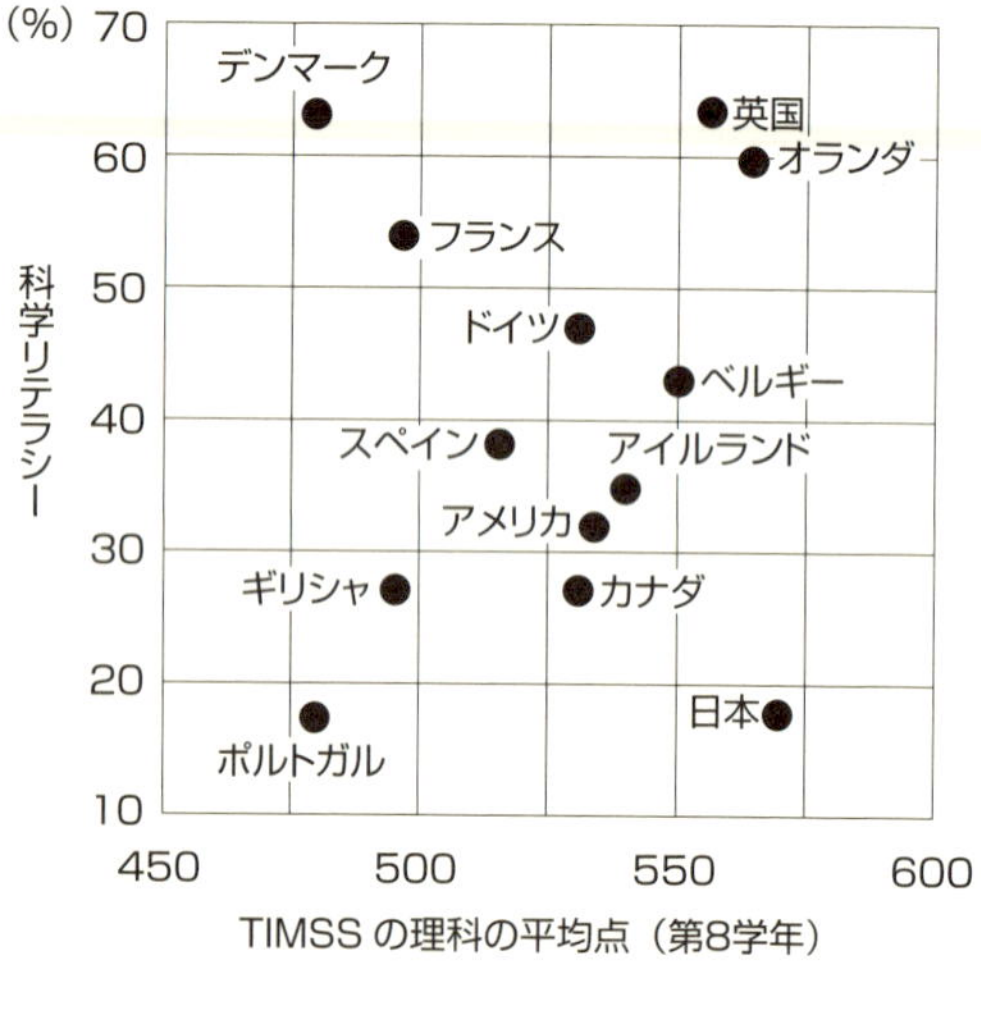

図序.1　OECD 加盟国の TIMSS の理科の成績（第 8 学年）と科学リテラシー

出所：風間重雄「国際的に見たわが国の科学技術リテラシーと理科・科学教育」『応用物理』第 68 巻第 3 号、1999 年

次に、ごく最近（二〇〇三年）のＯＥＣＤによる高校一年生の学習到達度調査（ＰＩＳＡ）の結果は、数学的

リテラシーにおいて日本は前回の二〇〇〇年調査にひき続き「一位グループ」に属しているが、日本の子どもの間の学力格差がきわめて大きく、数学的リテラシーでは「OECD相対分散」が一〇〇に対し、日本の相対分散は一一六で、香港と並んでもっとも大きく、生徒の得点がOECD平均よりも幅広い範囲に散らばって分散していることを示している。また、この調査は、学校間分散の程度も調べているが、日本は学校間格差がもっとも大きい国であることを明らかにしている。これは、数学を含む高校入学試験の結果によって選別された後の高校一年の一学期に調査を受けたことが強く影響していると思われる。ちなみに、フィンランドは数学的リテラシーの得点も一位グループで高く、分散も小さいうえ、学校間分散もきわめて小さいことから、「すべての生徒の数学的リテラシーが、すべての学校で高い水準」にあるという、日本とは対照的な一つの理想像に近い結果を示しているものとして注目を浴びている(5)。

PISAは読解力の調査も行っている。この調査で測定されたのは、①テキスト（物語、解説、議論などの文章の他に、図、画像、地図、表、グラフ等が含まれる）の中の〈情報の取り出し〉、②書かれた情報から推論してテキストの意味を理解する〈テキストの解釈〉、③書かれた情報を自らの知識や経験に関連づける〈熟考・評価〉である。わが国の平均得点は四九八点で、OECD加盟国の平均を五〇〇点としたときの価だから、ほぼ平均並みの成績である。しかし、上位二五％に位置する者の得点と下位二五％に位置する者の得点を比較すると、その差が、わが国の場合一四三点であり、OECD平均の差の一三五点より八点大きく、これはドイツ、ベルギー、ニュージーランドに続く大きさである。読解力でも格差が大きく拡がっていることがわかる。

さらに、PISAは、通常の授業以外の宿題や自分の勉強をする時間（家庭教師がついてする勉強や塾・予備校での学習を含む）についても調べているが、日本の子どもは、週当たり六・五時間で、OECD平均の八・九時間よりかなり短い。この点は、TIMSSの二〇〇三年調査でも行っており、「宿題をする時間」は日本の中学校二年生で一・〇時間（国際平均値一・七時間）で、四六カ国中もっとも少ない。小学校四年生でも〇・九時間（国際平均値一・四時間）で、これはオランダなどとともにもっとも少ない部類に属する。一九九五年の調査では、中学校二年生の校外学習時間は二・三時間であったから、この間にもっと短くなってきているわけである。「子どもに「生きる力」と「ゆとり」を」の答申（一九九六年）を出した中央教育審議会は、子どもたちが「学校での生活、塾や自宅での勉強にかなりの時間を取られ、……「ゆとり」のない忙しい生活を送っている」といい、学校週五日制を決めた教育課程審議会答申（一九九八年）もその見方を踏襲していたのだが、このような子どもの実態認識に疑問があることを、皮肉にも経済企画庁編の『国民生活白書』平成八（一九九六）年版が明らかにしていた。すなわち、まず学校週五日制になる前の日本の学校の授業時間が欧米諸国と比べて決して多くはなく、むしろ少ないということを、同白書は示している。日本は、アメリカ・フランス・カナダ・オランダより短く、ドイツだけが日本よりも短い。中学生でオランダとの差は二〇〇時間（自然時間）、小学四年生でアメリカとの差は一四〇時間もある。学校や子どもの生活に「もっとゆとりを」という中教審答申などの認識の妥当性が疑われてくる。子どもが「勉強」で忙しいということについても、経済企画庁白書は、「学校外での学習時間」調査（NHK放送文化研究所実施）に基づき、八〇年以降その時間はむしろ減少傾向にあり、九五年では八〇年と比較して小学生で約一〇分、中学生で約二〇分、高校生で約三〇分も減少していることに注目している。中・高校生の活字離れも深刻で、月に一冊の本も読まない中学生が、『毎日新聞』の「学校読書調査」によれば、九〇年代に入って進行し、約五割、高校生では六割近くに達する。

要するに、中教審答申などの認識とは逆に、日本の子どもはいまや他の国々の子どもと比較してみても勉強に忙しいどころか、もっとも勉強しない子どもの方へ転落しようとしており、「勉強からの逃避」が最近では問題となってきているのである。(6)

7 人間観の再構築を求めて

そこで、最後に二十一世紀の子ども像、人間像をどのように描いたらよいかを考えてみよう。精神科医・町沢静夫著『居場所を失ったこどもたち』（小学館、一九九八年）によれば、中・高校生一八〇〇人に対する調査で、精神科の医者にかからなければいけない状況に近い子どもが最近増えているという。すなわち、

「私は、自分がどんな人間なのか分らなくて困ることがある」―三六・七％
「私は、ときどき心がバラバラになる」―二九・六％
「私は、自分を見失ってしまうときがある」―二七・五％
「私は、気が狂うのではないかと思うと怖いときがある」―一八・一％

そして、実際に精神科の病院に来る子どもが、以前と比べ増えているようだ。昔は、高校生がこんなことで病院には来なかったと思われるようなことでも平気で相談に来るようになったという。そういう子どもたちには自己肯定感がない。自尊心を失っている。アイデンティティ・クライシスの問題である。自分のいいところがわからない。したがって、自分が何をしていいのかわからない。そこで、うつ病になる。その多くが、受験の失敗者である。精神科医としては、それに対して、とにもかくにもまず子どもの悩みに共感し、まあいいんだ大丈夫だと、その子どもといっしょの立場に立って共感的な理解を示し、ゆっくりと時間をかけて相談にのるのだという。

どうしてこのような子どもたちが増えてきたのか、社会的・歴史的背景も含め、人間学の問題として深く追求しなくてはならない問題だといえよう。

まず一般的に言えることは、子どもが育つ家庭環境が、核家族化、少子化で過保護になりがちである。母子

密着の状態が増えるなかで、子どもの自立が遅れ、対人関係・社会的人間関係をうまくつくれない子どもが増えている。子どもの成長にとってさらにマイナスの条件となっているのは、友だちとの遊びができない、遊ぶ友だちがいないし、戸外で遊ぶ場所も時間もないという、高度経済成長時代に生じた家庭環境や社会環境の変化がある。多くの子どもがファミコン、テレビゲームに熱中している。飽食時代でこういう遊び道具にも事欠かない状況であるけれども、こういう不自然な生活環境からさまざまな問題が起きてきている。いわゆる人間の「自己家畜化」、子どもの「ペット化」の問題であり、最近は、「カプセル化」ということまでいわれている。(7)人間が作り出した人工物によってまわりのすべてが完全に囲まれている。自然と絶縁したような人工的世界のなかで子どもが生まれ育つとき、どのように異常な不自然な行動を子どもがしでかすようになるか、ということだろう。

「ムカツク」「キレル」といった子どもの「新しい荒れ」が問題となる一方、「見ない」「聞かない」「知らんぷり」のさめた子ども、「できない」「動かない」「遊べない」といった何事にも「やる気」を失った三無主義の子どもが増大しているともいわれている。

こうした子どもの「荒れ」にせよ三無主義にせよ、教育の不足からというより、むしろしばしば過剰からきていることに、現在の子どもたちの不幸があり、問題の深刻さがあるといえよう。学校の教育だけでは足りず、塾、家庭教師、パソコン教育機器、宅配の学習雑誌・テストなどによる教育で毎日の生活が覆われている子どもが少なくない。その過剰なまでの教育は、子どもの心身に異常をきたしかねない「反教育」の要素を多分に含んでいる。

陰湿ないじめ、非行、暴力行為など、子どもたちの感性の荒れに気づけば、だれでも心配にならざるをえない。だが、その対策が、問題行動への直接的対処というかたちの対症療法に流れてしまってはならないだろう。

子どもたちの感性の荒れという現象の奥に何があるのか。その原因を深く多面的に追求し、総合的な対策を立てるなかで教育の問題としての取り組みを考えなくてはならない。

三無主義は、子どもの「ペット化」によるものではないかという見方がある。たしかに、核家族化、少子化、家具調度の電化がすすむなかで、子どもは家庭でとかく過保護になりがちである。すべてがあまりにも便利にでき、お膳立てされているところでは、子どもが自分で何かを考えたり、探したり、作ってみたりするという意欲がわかなくなってしまうだろう。「やる気」だけではない。宵っ張りの朝寝坊、テレビ漬け、運動不足、朝からあくび、目がとろん、背筋がおかしいといった子どもが多くなったという学校現場からの報告がある。また、毎日、田んぼを見ている農村の子どもなのに、「お米は、お店やさんで作るのではないか」、あるいは「農協で作るのでは。はっきりわからない」などという子どもの問題が教育界で意識されだしたのは、一九七〇年代の初め頃からである。高度成長政策による日本の産業構造の急激な変化が、都市・農村を問わず、子どもをとりまく環境に重大な変化を引き起こし、子どもが人間として正常に成長し発達していく生活基盤までが脅かされるようになったのである。

そこで、実はこの頃から、稲や麦を学校で育てたり、手仕事、手づくり工作など、「ものをつくる授業」を中学校の技術科だけでなく、小学校の低学年から取り組む実践が現われるようになった。米づくり、麦まきから収穫・製粉・パン焼きまでの作業、実から綿を育てて綿をとり、糸に紡ぎ、布を織る作業などの実践が、社会科の教育研究集会などで報告され、注目をあびた。このように手と身体を使って学ぶ学習は、その後、学習指導要領の改訂にあたって「総合的学習」とか「ものづくりや生産活動など体験的な学習」が提唱されたりして、徐々に広まってきてはいる。

しかし、日本の子どもの現実は、全体として見れば依然として激しい受験競争をあおられながら、断片的で表面的な知識を頭に詰め込むことに追いまくられている。短時間にテスト問題をこなす受験技術のようなものがより重視されている。

『心のノート』の問題点

現代の子どもが、このように人工的で不自然な環境のなかで生活しているとき、子どもの「やる気」を引き出したり、人間的な望ましい感性を育てるうえで学校にできることは何だろうか。「もっとやる気を出せ」などといって、情動や感情を直接的に引き起こし、育て上げるような方法はない。だが、道徳的感情については、政治家たちの強い思惑もあって、かつての修身教育のように、言葉で説明し、説得しようとする傾向が、わが国では依然として根強い。だが、愛国心を主眼とした道徳的価値体系を学習指導要領で提示し、「道徳」の時間を設けて、教え込もうとした道徳教育は、「一番つまらない時間」だと子どもたちに思わせるほどに不振を極めている。

そこで、新たに考え出されたのが『心のノート』による「心の教育」である。二〇〇二年新学期に全国の小・中学生全員に対し、文部科学省著作の『心のノート』が配布された。オールカラーで、至るところに子どもの明るい笑顔が並ぶ。きわめてモダンだが、執筆者は匿名の国定道徳教科書である。徳目の解説・説得・注入の道徳教育に代わる「切り札」として開発されただけに、押し付けがましいところはなく、「解放、癒し、肯定的評価、自己表現」といった心理的手法がいろいろと工夫されてはいるが、行きつく先は、愛国心を頂点とする国民道徳の体系である。振り返り、見回し、反省し、選ぶのは子どもというかたちをとってはいるが、選択が許されるのは、すでに方向づけられた枠の中でだけである。「うれしかったこと」、自分にとって「大切なもの」は何かとは問われるが、「つらかったこと」「腹が立つこと」は何かは問われない。「日本のよさ」を考えよという枠はあるが、日本の悪さを書く枠はない。故郷の伝統にせよ、国の伝統にせよ、よいところ、悪いところ、いろいろとあるはずだが、その悪いところ、改めなければならないところには、目を向けさせようとしていない。要するに、『心のノート』の手法は、社会的・政治的問題でもある道徳を、心の問題としてのみ扱おうとする心理主義である。

現代の子どもが引き起こす非行とか三無主義などの非道徳的あるいは反道徳的行為も、子どもをとりまく自然環境や社会環境の変化、あるいは子どもの「ペット化」というような、子どもの本性に反する非自然的な教育環境が生み出している問題であるといえるが、こうした現実の環境問題や社会的課題にどう立ち向かうかということを子どもに考えさせようとはしていない。結局は、かつての国定修身教科書が果たしたのと同じ役割を果たすことが期待される『心のノート』なのである。(8)

現代に生きる子どもの危機

子どもの本性（自然性）に反する教育が行われていることに警告を発し、「自然にもどれ」と強く主張したのは、一八世紀のルソーだが、その警告が現在ほど現実性をおびている時代はかつてなかったのではないか。人間にとって自然な、人間らしい生き方からあまりにもかけ離れた生活環境のなかで、ものの見方・考え方、感性まで が、知らず知らずに異常な状態にまで歪められてきているのではないか。ただし、「人間らしい生き方」といっても、時代とともに歴史的に変化していくものであって、決して不変・不動のものではない。それは常に、探究されるべきものとしてある。(9)

現代に生きる子どもにとって自然な、人間らしい生き方というものはどのようなものであり、どのようにして可能となるか。これは、現代人間学がかかえるもっとも重要な課題の一つといってよいのではないか。人間を多面的に、かつ総合的にとらえる総合人間学の研究が求められる所以の一つがここにあることは間違いないだろう。

ところで、これからの日本の教育がどのような方向に向かってどのように改革されるべきかというときの指標となるもの、導きの星となるものは何か。それは、すでに私たちに与えられている。いまや国際的にも評価の高い日本国憲法の「平和と民主主義」の精神に則り、教育の目的を明示した「教育基本法」（一九四七年制定）である。教育基本法は現代に合わなくなっているなどという政治家がいるが、憲法第九条とともに教育基本法の理念は、むしろ二十一世紀を先取りした理想を指し示しているのである。

その第一条で、「教育は、人格の完成をめざし、平和的国家および社会の形成者として、真理と正義を愛し、個人の価値をたつとび、勤労と責任を重んじ、自主的精神に充ちた心身ともに健康な国民の育成を期して行われなければならない」と教育の目的が明示され、第二条でこの「教育の目的は、あらゆる機会に、あらゆる場所において実現されなければならない。この目的を達成するためには、学問の自由を尊重し、実際生活に即し、自発的精神を養い、自他の敬愛と協力によつて、文化の創造と発展に貢献するように努めなければならない」との「教育の方針」が述べられている。

教育基本法のこのような精神が、まさに「あらゆる機会に、あらゆる場所において」守られ、実現されていたならば、上で述べたような日本教育の混迷は決して起こらなかっただろう。この混迷から抜け出す道も、ここに示された道を国民が力を合わせて進む以外にはありえない。ところが、その憲法と教育基本法を「改正」しようとする動きが、最近強まってきている。この国をふたたび「戦争のできる国」にしようとする動きであるが、そのような「改正」は、日本の教育の「危機」をこれまで以上に強め、深刻化するだけのものといえよう。(10)

注

（1）中江兆民「論外交」「盲目的進歩」『中江兆民評論集』岩波文庫、一九九九年
中江兆民『一年有半・続一年有半』岩波文庫、一九九五年
松永昌三『福沢諭吉と中江兆民』中公新書、二〇〇一年

（2）三重県東員町教育研究の会編『地域はみんな先生』文理閣、一九七七年

（3）カミングス『ニッポンの学校』友田泰正訳、サイマル出版会、一九八一年

（4）尾木直樹『思春期の危機をどう見るか』岩波新書、二〇〇六年

（5）斎藤貴男『機会不平等』文藝春秋社、二〇〇〇年、四〇～四七頁

（6）国立教育政策研究所編『生きるための知識と技能２　ＯＥＣＤ生徒の学習到達度調査（ＰＩＳＡ）――二〇〇三年調査国際結果報告書』ぎょうせい、二〇〇四年

（7）柴田義松『21世紀を拓く教授学』明治図書、二〇〇一年

（8）高橋哲哉『「心」と戦争』昌文社、二〇〇三年

（9）小原秀雄『現代ホモ・サピエンスの変貌』朝日選書、二〇〇〇年

（10）堀尾輝久『いま、教育基本法を読む――歴史・争点・再発見』岩波書店、二〇〇二年

第1部　現代の人間と教育危機——どのようにとらえるか

第1章　子どものからだと心の変化から人間の危機を考える

正木　健雄

この小論は、一九九九年一〇月に開かれた人間学研究所の第四回実用的人間学部会において「日本の子どもに見られる身体の変化の方向――学級崩壊、子どもの新しい荒れはなぜ起こるか」と題して報告した内容に、その後の六年間の研究の発展を加え、「からだ」の問題を中心にして考察し、最後に「心」との関係を考察することにする。

1　「からだの〝ネガティヴ〟な方向」への〝変化〟の発生と進行

戦後、〝戦争〟の影響がしだいになくなって、子どもの健康状態は急速に改善され、体格は目覚しく大型化した。ところが高度経済成長が始まった一九六〇年から、「子どものからだと心」に〝ネガティヴ〟な変化が発生したと〝実感〟されはじめた。最初は「遠足で最後まで歩けない子が出てきた」というような事象であった。その後テレビが全国的に普及したが、一九七二年になって子どもの「手指が不器用になった」との変化が実感された。しかし、手指は〝大脳〟からの命令で動くところなので、『中日新聞』はこの報道を一年遅らすという慎重さであった。一九七五年には、全国養護教諭サークル協議会の夏期研究集会で「子どもの〝背すじが妙〟だから〝背中〟を詳しく見るように！」という訴えが出た。私はこの訴えに応じて、一九六四年から刊行されてきていた文部省の『体力・運動能力調査報告書』を解析し、当時心配されていた体力全体は低下していないが、男女とも低下しているのは背筋力だけであることを発見した。そこで、早速九月に開かれた日本教育学会第三四回大会の課題研究「能力・人格の発達と教育——体育学の立場から」として報告した。ここでは、「背筋力」の低下によって筋肉から大脳への〝もどりの信号量〟が減少し、これが大脳前頭葉の活動の低下を起こし、ここから〝労働意欲〟の低下が起こるので、「身体的な分野からも人間的な危機が始まっているかもしれない」という仮説を提出した。今から三一年前であるが、当時は〝人間的な危機〟などという予想は突飛だとされ、狼少年と言われたりした。

ところが、背筋力の〝全国平均値〟に男女ともこのような〝ネガティヴ〟な変化が見られるようになる頃から、全国各地で「今までは子どもにこんなことはなかった！」というような〝からだがどこかおかしい〟という実感が、各地で語られるようになってきた。そこで、これらの〝からだがどこかおかしい〟と実感されている諸事象を集めたところ、全部で四三項目に達した。これらを質問項目として、一九七八年にＮＨＫと日本体育大学体育研究所とによって、最近目立つ「からだのおかしさ」はどれか、という「子どものからだの〝実感〟調査」を実施した。この結果を基にしてＮＨＫは「警告！こどものからだは蝕まれている」という特集番組を、体育の日の前日一〇月九日の夜に放映した。この調査で全国的に多く実感されていたのは、子どもの「体力低下」ではなく、「背中ぐにゃ」という姿勢の悪さや「朝からあくび」という覚醒水準の低さ、さらにはアレルギーなど〝からだの奥〟の方（免疫系など）で変化が進行しているのではないかということであった。この番組のまとめとして、「子どもの身体に今いったい何が起こり、どちらの方向に変化しているのか」を解説しなくてはならなくなった。そこで、ワロンの「発達の順序と退行の順序」という〝個人〟についての仮説を〝集団〟について発展させた「人間の進歩の順序と退歩の順序」（図1・1）を提出し、人間が〝直立二足歩行〟ができるようになったころ獲得した機能のところに変化が発生し、さらにもっと以前の〝動物的なところ〟にまで変化が発生しはじめているのであるから、そろそろみんなで本気で問題にして取り組む必要がある、とまとめた。

この最初の調査から、私たちはほぼ五年に一回、「最近増えている〝からだのおかしさ〟」についての〝実感調査〟を全国的に実施してきているが、一九九〇年調査では、どの学校段階でもワースト1に「アレルギー」が並んだこと、「すぐ〝疲れた〟という」がこれに続いていること、最近では「授業中じっとしていない」などが上位にあがり、二〇〇五年調査では、幼稚園や保育所で「床にすぐ寝転がる」が上位にあがってきたのが注目される（表1・1）。今のところこの「からだのおかしさ」についての〝回答率〟は高値安定という状況で、これまでのところこれらの変化に対する取り組みの成果はあまり見られず、実感されている「からだのおかしさ」は依然としてこのような一定方向へ変化していること、またこれらの実感の内容から、「子どもの〝からだのおかしさ〟」はからだ全身に及び、さらに「変化」は脳や心にまで及んできていることが予想されるのである。

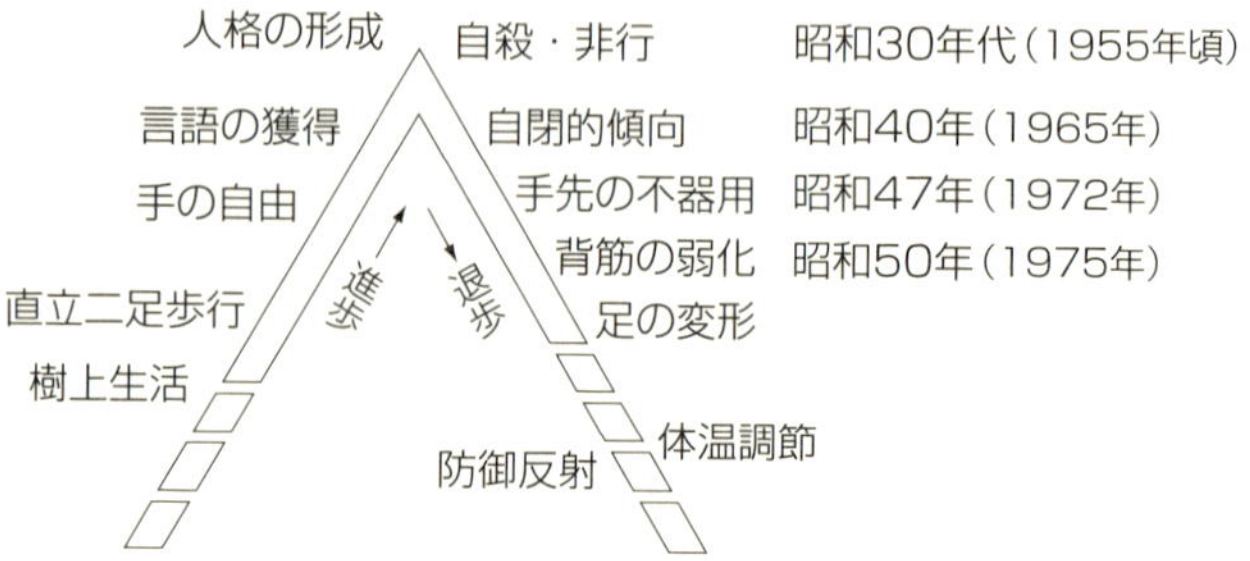

図 1.1　人間の進歩と退歩の順序

表 1.1　子どものからだの変化調査。「最近増えている」という“実感”ワースト 10 の推移

保育所

（数値は回答率　%）

1979 年	1990 年	1995 年	2000 年	2005 年（n＝201）
1. むし歯　24.2	1. アレルギー　79.9	1. アレルギー　87.5	1. すぐ「疲れた」という　76.6	1. 皮膚がカサカサ　77.6
2. 背中ぐにゃ　11.3	2. 皮膚がカサカサ　76.4	2. 皮膚がカサカサ　81.3	2. アレルギー　76.0	2. アレルギー　74.6
3. すぐ「疲れた」という　10.5	3. 背中ぐにゃ　67.7	3. すぐ「疲れた」という　76.6	3. 皮膚がカサカサ　73.4	3. 背中ぐにゃ　72.1
4. 朝からあくび　8.1	4. すぐ「疲れた」という　63.3	4. そしゃく力が弱い　71.9	4. 背中ぐにゃ　72.7	4. すぐ「疲れた」という　68.7
5. 指吸い　7.2	5. そしゃく力が弱い　59.4	5. 背中ぐにゃ　70.3	5. そしゃく力が弱い　64.3	5. 保育中、じっとしていない　68.2
6. 転んで手が出ない　7.0	6. ぜんそく　53.7	6. つまずいてよく転ぶ　54.7	6. ぜんそく　61.0	6. 床にすぐ寝転がる　64.2
7. アレルギー　5.4	7. つまずいてよく転ぶ　52.4	6. ぜんそく　54.7	7. 保育中、じっとしていない　60.4	7. そしゃく力が弱い　58.2
8. つまずいてよく転ぶ　4.9	8. 転んで手が出ない　48.0	8. すぐ疲れて歩けない　51.6	8. つまずいてよく転ぶ　58.4	8. ぜんそく　57.2
9. 保育中目がトロン　4.8	9. 指吸い　43.7	8. 朝からあくび　51.6	9. 朝からあくび　53.2	9. 転んで手が出ない　48.8
10. 鼻血　4.6	10. 朝からあくび	10. 転んで手が出ない　48.4	9. 転んで手が出ない　53.2	10. つまずいてよく転ぶ　47.3

幼稚園

（数値は回答率　%）

1990 年	1995 年	2000 年	2005 年（n＝188）
1. アレルギー　72.3	1. アレルギー　74.8	1. アレルギー　82.7	1. アレルギー　77.1
2. 皮膚がカサカサ　68.0	2. すぐ「疲れた」という　73.9	2. すぐ「疲れた」という　76.5	2. すぐ「疲れた」という　72.9
3. すぐ「疲れた」という　57.8	3. 皮膚がカサカサ　68.7	3. 皮膚がカサカサ　69.1	3. 皮膚がカサカサ　66.0
4. ぜんそく　54.9	4. 背中ぐにゃ　56.5	4. ぜんそく　67.3	4. 背中ぐにゃ　64.9
5. 背中ぐにゃ　53.4	5. ぜんそく　53.0	5. 背中ぐにゃ　66.0	5. 床にすぐ寝転がる　60.1
6. 腰痛・頭痛を訴える　41.7	6. つまずいてよく転ぶ　52.2	6. 保育中、じっとしていない　59.3	6. ぜんそく　59.6
7. 転んで手が出ない　41.3	7. 朝からあくび　47.0	7. 転んで手が出ない　53.7	7. 発育の仕方　56.4
7. つまずいてよく転ぶ　41.3	7. すぐ疲れて歩けない　47.0	8. つまずいてよく転ぶ　49.4	8. 保育中、じっとしていない　55.3
9. 朝からあくび　40.3	9. 転んで手が出ない　43.5	9. 腹痛・頭痛を訴える　48.8	9. つまずいてよく転ぶ　47.3
10. 棒のぼりで足うら使えない　39.3	10. 腰痛・頭痛を訴える　41.7 10. そしゃく力が弱い	9. 朝からあくび　47.5	10. 体が硬い　46.8

小学校

（数値は回答率　%）

1978 年	1990 年	1995 年	2000 年	2005 年（n＝306）
1. 背中ぐにゃ　44	1. アレルギー　87.3	1. アレルギー　88.0	1. アレルギー　88.2	1. アレルギー　82.4
2. 朝からあくび　31	2. 皮膚がカサカサ　72.6	2. すぐ「疲れた」という　77.6	2. すぐ「疲れた」という　79.4	2. 背中ぐにゃ　74.5
3. アレルギー　26	3. すぐ「疲れた」という　71.6	3. 視力が低い　76.6	3. 授業中、じっとしていない　77.5	3. 授業中、じっとしていない　72.5
4. 背筋がおかしい　23	4. 歯ならびが悪い　69.9	4. 皮膚がカサカサ　71.4	4. 背中ぐにゃ　74.5	4. すぐ「疲れた」という　69.9
5. 朝礼でバタン　22	5. 視力が低い　68.9	5. 歯ならびが悪い　70.8	5. 歯ならびが悪い　73.2	5. 皮膚がカサカサ　65.7
6. 雑巾がかたくしぼれない　20	6. 背中ぐにゃ　68.7	6. 背中ぐにゃ　69.3	6. 視力が低い　71.7	6. 症状が説明できない　63.1
6. 転んで手が出ない　20	7. 腹痛・頭痛を訴える　65.5	7. 腹痛・頭痛を訴える　66.7	7. 皮膚がカサカサ　67.4	6. 視力が低い　63.1
8. 何でもない時骨折　19	8. 転んで手が出ない　62.3	8. 症状が説明できない　63.5	8. ぜんそく　62.7	8. 平熱 36 度未満　60.1
8. 腹のでっぱり　19	9. 症状が説明できない　61.9	9. 平熱 36 度未満　60.4	9. 症状が説明できない　61.9	8. 体が硬い　60.1
10. 懸垂ゼロ　18	10. ちょっとしたことで骨折　58.4	10. 転んで手が出ない　55.7	10. 平熱 36 度未満　60.9	10. ボールが目にあたる　59.8

中学校

（数値は回答率　%）

1978 年		1990 年		1995 年		2000 年		2005 年（n＝151）	
1. 朝礼でパタン	43	1. アレルギー	90.8	1. アレルギー	87.6	1. すぐ「疲れた」という	82.8	1. アレルギー	76.8
2. 背中ぐにゃ	37	2. すぐ「疲れた」という	83.8	2. 視力が低い	84.3	1. アレルギー	82.8	2. すぐ「疲れた」という	73.5
3. 朝からあくび	30	3. 視力が低い	78.1	3. すぐ「疲れた」という	71.9	3. 首、肩のこり	77.0	3. 平熱 36 度未満	68.9
3. アレルギー	30	4. 腹痛・頭痛を訴える	75.9	4. 腹痛・頭痛を訴える	71.1	3. 不登校	77.0	4. 視力が低い	67.5
5. 肩こり	27	5. 不登校	74.6	5. 平熱 36 度未満	70.2	5. 腰痛	76.6	5. 首、肩のこり	66.2
6. 背筋がおかしい	26	6. 皮膚がカサカサ	72.8	6. 不登校	70.2	6. 視力が低い	73.0	6. 不登校	64.2
6. なんでもない時骨折	26	7. 平熱 36 度未満	71.1	7. 首、肩のこり	69.4	7. なんとなく保健室にくる	71.9	7. 腹痛・頭痛を訴える	60.3
8. 貧血	22	8. 首、肩のこり	70.2	8. 腰痛	66.9	8. 腹痛・頭痛を訴える	70.4	7. 腰痛	60.3
9. 懸垂ゼロ	21	9. 背中ぐにゃ	68.4	9. ちょっとしたことで骨折	63.6	9. 歯ならびが悪い	63.5	9. 背中ぐにゃ	55.6
9. シュラッテル病	21	10. 症状が説明できない	66.7	10. 歯ならびが悪い	59.5	10. 平熱 36 度未満	62.0	10. なんとなく保健室にくる	55.0
								10. 症状が説明できない	55.0

高等学校

（数値は回答率　%）

1978 年		1990 年		1995 年		2000 年		2005 年（n＝105）	
1. 腰痛	40	1. アレルギー	83.0	1. アレルギー	88.8	1. アレルギー	89.2	1. アレルギー	86.7
2. 背中ぐにゃ	31	2. すぐ「疲れた」という	75.9	2. 腰痛	80.4	2. すぐ「疲れた」という	82.0	2. 腰痛	71.4
3. 朝礼でパタン	31	3. 腹痛・頭痛を訴える	75.0	3. 腹痛・頭痛を訴える	76.6	3. 腹痛・頭痛を訴える	80.2	3. 平熱 36 度未満	69.5
4. 肩こり	28	4. 視力が低い	67.0	4. すぐ「疲れた」という	74.8	4. 腰痛	79.0	3. 腹痛・頭痛を訴える	69.5
4. 貧血	28	5. 腰痛	66.5	5. 首、肩のこり	73.8	5. 不登校	75.4	5. すぐ「疲れた」という	67.6
6. 朝からあくび	27	6. 不登校	64.2	6. 平熱 36 度未満	71.0	6. 首、肩のこり	74.3	6. 症状が説明できない	63.8
7. 神経性胃潰瘍	25	7. 症状が説明できない	62.3	6. 視力が低い	71.0	7. 平熱 36 度未満	71.3	7. 首、肩のこり	61.9
8. なんでもない時骨折	21	8. 背中ぐにゃ	61.3	8. 不登校	68.2	8. 皮膚がカサカサ	67.1	8. 不登校	60.0
8. アレルギー	21	9. 平熱 36 度未満	60.8	9. 皮膚がカサカサ	61.7	9. なんとなく保健室にくる	65.9	9. ぜんそく	59.0
10. 脊椎異常	18	10. 首、肩のこり	59.9	10. 症状が説明できない	60.7	9. 症状が説明できない	65.9	10. 背中ぐにゃ	58.1
10. 授業中目がトロン	18							10. 手足が冷たい	58.1

出所：（日本体育大学　学校体育研究室他による）子どものからだと心・連絡会議編『子どものからだと心白書 2005』ブックハウス HD

●調査対象／有効回答／回収率：2,051 施設／ 951 施設／ 46.4%　●調査期間：2005 年 2 月～ 3 月
●調査方法：都道府県ごとに系統抽出した対象所・園ならびに学校に対して調査用紙を郵送し、子どものからだの変化に関する保育・教育現場での実感に基づいて、“最近ふえている”、“変わらない”、“減っている”、“いない”、“わからない” を選択回答してもらい、郵送により回収。

2 子どものからだの〝変化〟の問題は国際的に拡大してきている

一九八〇年当時、このような子どもに見られる〝からだのおかしさ〟のなかで、とくに脳のところに見られる事象を〝日本型文明病〟と呼んで、これらの実体解明と改善の取り組みをさまざまに模索してきたが、事態は悪化するばかりであった。

一九九一年にヘルシンキで開かれた「第一四回健康教育世界会議」に、「日本の子どものからだに現れた危機」というテーマで報告を申し込んだが、その頃は国際的には日本の子どもの健康状態はとてもよい、と考えられていたので、この「子どものからだの危機」という題目の申し込みは受理されなかった。国際的には、「危機」とは〝地震〟や〝大津波〟〝紛争〟など生命の危機にかかわることであり、〝豊かな国〟日本で起こりようがない問題と考えられていたのである。そこで、国際的に理解されるように危機の問題を整理して、証拠に基づいて議論ができるようにしなくてはならないと考え、「〝人間の危機論〟の進展――子どものからだの変化の進行とともに」という論文（『日本体育大学紀要』20（2）一九九一年）を書いた。ここでは、「生・死」についてを第一級の、「病気・ケガ」についてを第二級の、そして「発育・発達上のおくれやゆがみ」についてを第三級の問題とし、それぞれについて問題点を整理し、それぞれの「問題状況」の推移から、何がいつから問題になってきているのかという「事象」と「変化発生の時点」を明らかにする作業をまず行うべきである、と提案した。具体的には、一九七九年から始まった「子どものからだと心・連絡会議」で『子どものからだと心白書』を編集・作成し、毎年開かれる「子どものからだと心・全国研究会議」での討議資料として、〝団体研究〟法で研究協議を続け、〝問題の所在〟と〝解決の糸口〟を集団的に明らかにする国民的な科学運動を進めてきている。

ところが、このような「からだのおかしさ」はいまや国際的に発生しているようで、WHO（世界保健機関）が心配をしはじめている。WHOは一九九七年に、世界中の子どもが外で元気に遊んでいないことに気がつき、これでは生活習慣病が早く来ると心配して、〝Active living in school and through schools!〟（学校で、そして学校を卒業するまで〝いきいきとした生活〟を！）を提唱し、この問題がもっとも進行している日本で専門家会議を開いた。

さらに二〇〇二年になって、中国でもわれわれと同じ「からだの〝おかしさ〟」についての〝実感調査〟を全国的に実施するという事態になった。さっそく翌〇三年一〇月には、私たちの「子どものからだと心・連絡会議」と中国の高等教育出版社とが主催して、「第一回中日・子どものからだと心の健康に関する学術論壇」が北京で開催された。そして、この調査結果をいち早く解析し、効果的な政策立案をしたいという政府筋の早い対応には驚かされた。さらに二〇〇五年五月には第二回の「学術論壇」が北京で行われ、日本と中国とで『子どものからだ白書』をつくり、証拠に基づいて有効な取組みを探り出すための連帯・協働について協議した。

また、二〇〇四年一〇月にキューバのハバナで開かれた第一二回比較教育学世界会議に参加したおり、キューバでは不登校の子が五％いるが、日本政府から「日本の子は全員が就学している」と解説されたそうで、日本の〝不登校〟の現状、原因、対応策についてとても関心をもっており、私たちからのおみやげの『子どものからだと心白書２００３』（子どものからだと心・連絡会議編、ブックハウスＨＤ）から「原因」解析のヒントが浮かんだと喜ばれた。なお、日本の中学校では、年間三〇日以上「長期欠席者」の割合は、二〇〇五年現在三・五％程度である。

一方で、国連・子どもの権利委員会は、二〇〇三年六月に「思春期の子どもの健康と発達」という「一般所見」（第四号）を出し、思春期の子どもの発達の権利を格別に保障・向上させるようにと、各国政府に対して勧告した。

さらに二〇〇五年九月には「乳幼児期における子どもの権利の実践」という「一般所見」（第七号）が採択され、乳幼児から〝子どもの意向〟を聴いて、からだと心がまっとうに発達するような丁寧な取組みをするようにと、各国政府に対して勧告された。

このように、「子どものからだの〝おかしさ〟」の問題が国際的に発生してくると、これらをもはや「日本型文明病」と呼べなくなり、世界各国でも、こうした問題は〝快適さ〟や〝便利さ〟を追求する現代化が進められた結果からくる現代的な生活環境の変化によって発生した〝ネガティヴ〟な問題であると、一般化して考える必要があることになる。したがって、この問題について先駆的に取り組んできた日本での事態の解明法、さらに有効な取組みはもちろんのこと、失敗した取組みなども含め、問題解決のための諸経験の蓄積が国際的に大いに役立つということで注目されてきている。

3 問題階層別に見るわが国における「子どものからだの〝変化〟」の傾向

国際的に見ると、わが国における健康の問題はわかりにくい、とされている。この問題を解くためには、「子どものからだの〝変化〟」の傾向を、先に述べたような問題階層別に見て、それぞれの変化の傾向から何が進行しているのかを明らかにし、当面は〝悪化〟、〝低下〟、〝異変〟を食い止める対策が緊要の課題となる。

①第一級の問題：「生存」は世界一の水準に達しているが、近年〝量的〟な停滞と〝質的〟な異変が発生している。

②第二級の問題：「保護」は〝向上〟と〝悪化〟に二極分化している。

③第三級の問題：「発達」は〝停滞〟と〝低下〟に二極分化している。

4 「からだの〝おかしさ〟」の実体

「からだの〝おかしさ〟」についての保育・教育現場における〝実感〟に導かれて、われわれは可能なかぎりさまざまな地域で実態調査を進めてきた。また前述のように中国の子どもについての調査も行ってきたが、これら「からだの〝おかしさ〟」の実体は、「脳とからだの不調」と「脳とからだの発達における遅れと歪み」、そしてこれらの〝複合〟によるものであることがわかった。このなかで、「からだの発達不全」によって起こってきている問題を、年齢順に、〝動物的〟〝ヒト的〟〝人間的〟な発達の系においてマトリックスとして示したものは、次の表1・2である。子どもたちは〝退化〟しているのではなく、さまざまな「系」において、自律神経系や足の裏から大脳・前頭葉まで、これまでのように自然に〝発達〟できないでいる（developmental disorders）という問題が発生していることがわかる。

表 1.2 「子どものからだの〝問題〟」マトリックス

生後	動物系	ヒト系	人間系
三週間以内	“寒さ”不足で発熱機能低下！		
6ヵ月		「側わん症」（男女）	
9ヵ月		「側わん症」（男女）	
1歳6ヵ月		「側わん症」（男女）	
2歳8ヵ月前後〜			「前頭葉」活動開始！
〜3歳	“能動汗腺”の発達不足で「恒温動物」になれない！		
4歳		“はいはい”の影響が消える！	
6歳〜	「自律神経系」の発達不全	「視力」「立体視機能」の発達不全 「土踏まず」の形成不全	「筋肉感覚」発達不全 「前頭葉」の〝アクセル〟の発達不全
9歳			発達の“壁”！ （とくに男子に発達の“逆戻り”） “ブレーキ”の発達先行
10歳		「側わん症」（女）	

5 これらの問題に対する解決策について

政府の対応

政府はこれらの問題を依然として〝体力低下〟ととらえ、取組みとして〝体力向上〟策に力点をおいているが、これらの問題に対して有効な施策を行うに至っていない。しかしわが国では、一九六四年以降スポーツテストが全国的に実施され、三四年以上にわたって『体力・運動能力調査報告書』が刊行されてきているので、これらを正確に解析すれば、これまでの取組みの成果と教訓は明らかになる。

図1・2には、文部科学省が前述のスポーツテストとして実施してきた体力診断テストの合計点の推移と、「運動能力テスト」合計点の年次推移を示した。図1・2(a)からわかるように、問題は図1・2(b)からわかるように小学校六年生の運動能力のところに近年の〝低下〟が食い止められないだけである。体力については何とか一定の水準を維持しているのである。また、図1・3には一九九八年以降実施してい

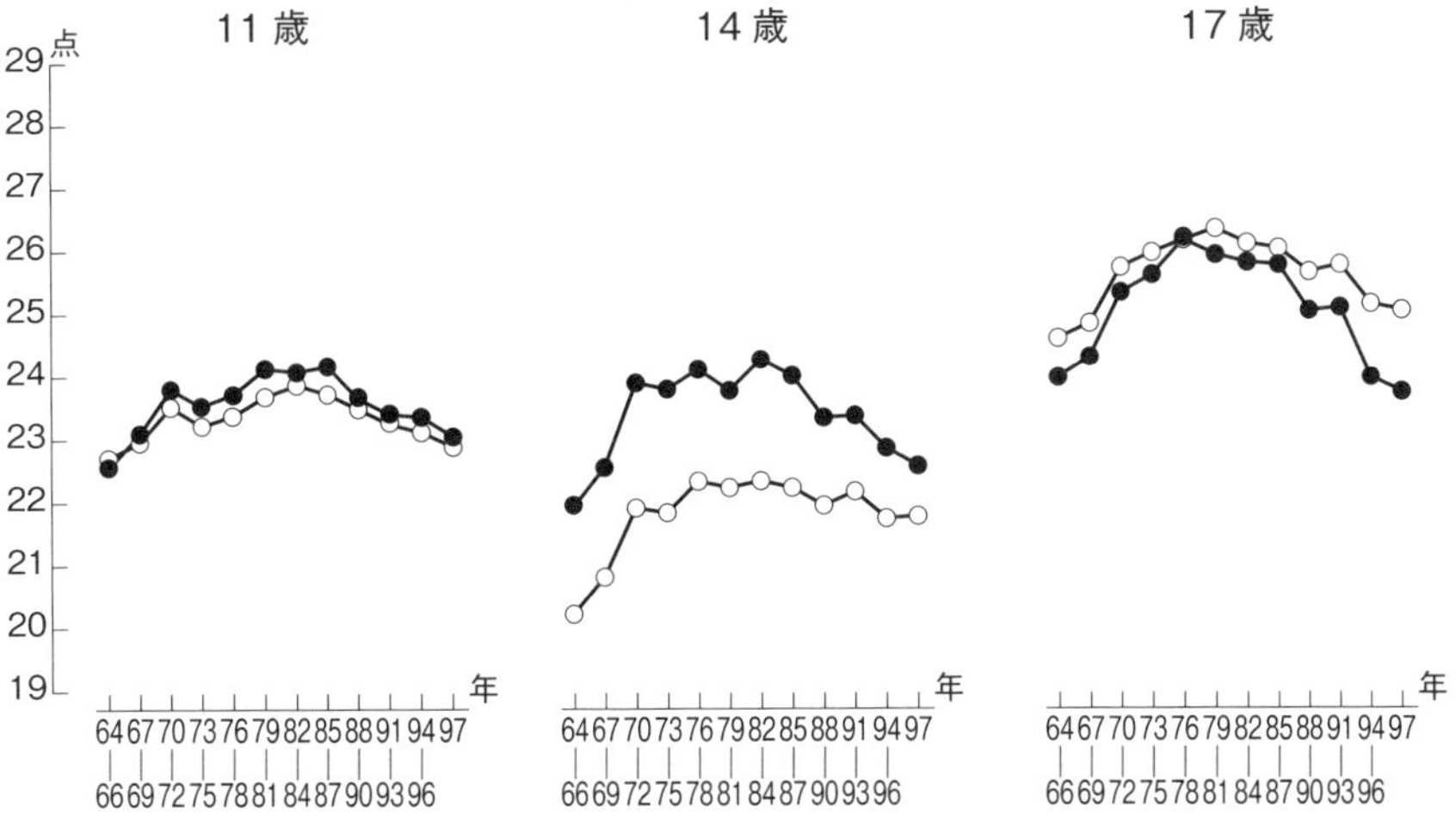

図 1.2(a)　体力診断テスト合計点の平均値の年次推移　　（○男子　●女子）
出所：「体力・運動能力調査報告書」 文部省，1997 年より作成された図。『子どものからだと心白書 2005』

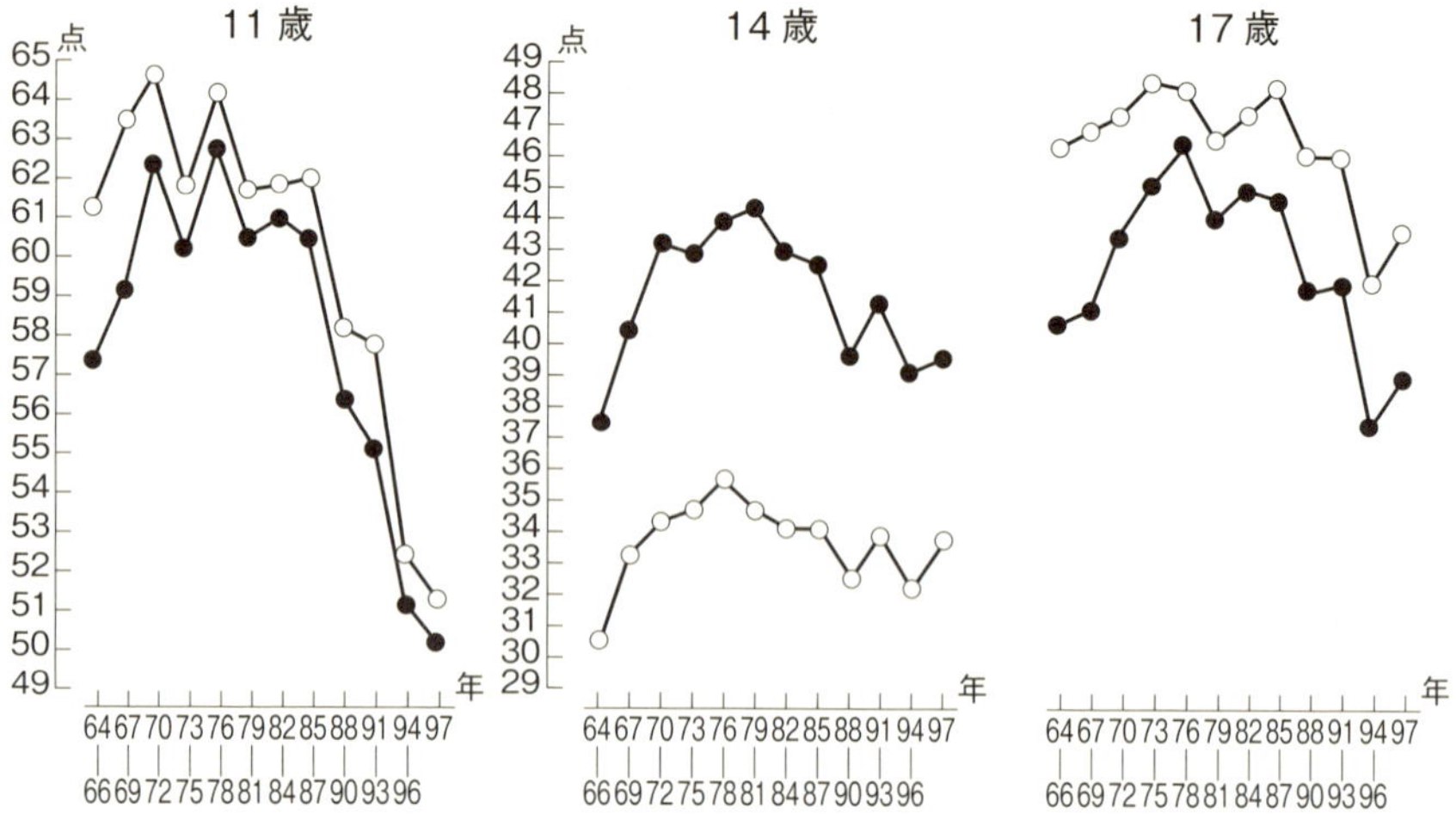

図 1.2(b)　運動能力テスト合計点の平均値の年次推移　　(○男子　●女子)

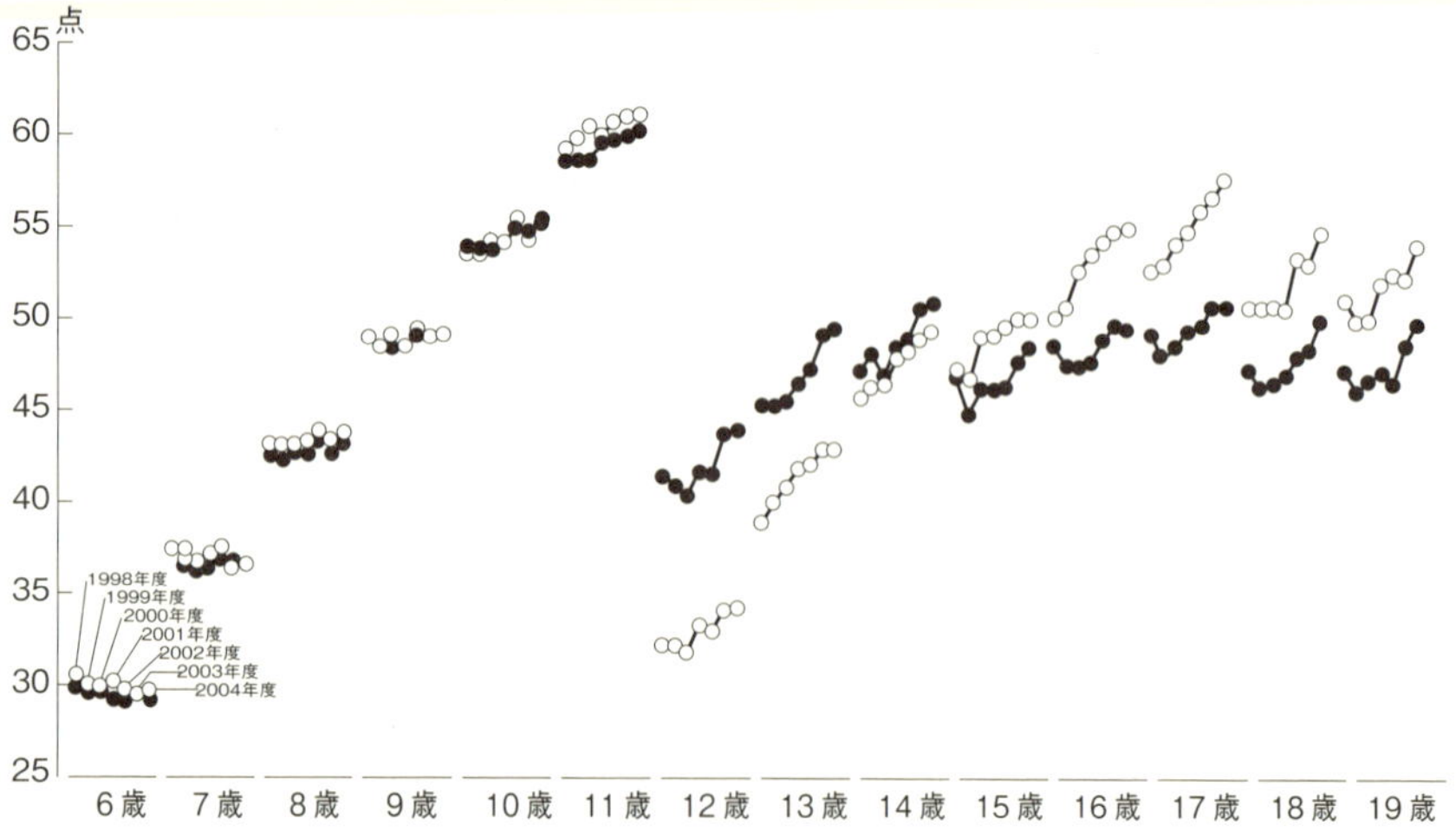

図1.3　新体力テスト合計点の平均値の年次推移　　(○男子　●女子)

出所：「体力・運動能力調査報告書」文部省，1998 年以降より作成された図。『子どものからだと心白書 2005』

る新体力テスト合計点の年次推移を示した。ここでも今のところ体力の低下は認められず、中学・高校ではむしろ向上しているのである。すなわち、このような行動体力については、学校における週二〜三回の体育の授業や学校教育全体を通しての「体力つくり」の取組みによって、わが国では行動体力の水準をなんとか維持させるという成果を上げてきていることがわかる。学校における「体育」の取組みの成果には、もっと確信をもつ必要があると考える。

しかしながら、このような取組みにもかかわらず、〝ムード〟の取組みのために〝低下〟が食い止められずになお依然として続いている体力要素に、〝腰の力〟と〝柔軟性〟とがある。そして、学校において格別に取り組んでこなかった「防衛体力」についても発達不全と悪化が見られる。これらの〝低下〟がみられているところについては、証拠に基づいて確実に〝低下〟を食い止め、さらに〝向上〟させる効果を上げる取組みを創造することが緊急の課題である。

一方学校保健界においては、養護教諭による保健学習やカウンセラーや栄養教諭の配置などで対応してきているが、これらがこの問題の解決にはたして有効なのかどうかの検討も行われてきていない。依然として〝ムード〟の取組みが主流であり、〝ムード〟の「施策」が続いている。したがって、子どもの「からだの〝変化〟」はいっこうに食い止められず、事態はいっそう深刻化していくことが十分に予測できる。

「からだの問題」についてのさまざまな〝危機〟意識

「子どものからだと心の〝危機〟」という問題意識には、①次々に子どもたちが不可解な現象や事件を起こすことへの危機意識、②「子どものからだと心」の発達において乳幼児期から〝自然成長〟しなくなっているという、人類の歴史においてはじめての深刻な〝変化〟が進行していることについての危機意識、③このような問題が発生していることとその原因をおとなが知らないでいることへの危機意識、また④政府・自治体がこれらの問題解決に適切に対応していないということへの危機意識、などが重なっている。いたずらに危機意識を煽ることなく、子どもたちの一つひとつの「からだの〝変化〟」を食い止め、これらの〝危機〟を克服する必要がある。

問題解決への希望

わが国には、前述のように、この問題に四六年間も取り組んできたさまざまな研究実績があり、さらに保育所や学校、地域社会における「子どもを守り、発達させる」さまざまな取組みがあり、子どもを守る社会的な諸運動も、研究運動もある。しかし残念ながら、いまだこの問題は解決できず、事態はいっそう深刻になっており、一見危機的な状況である。しかし、逆に考えれば、これらの諸組織・団体は〝失敗の経験〟をも無数に蓄積しており、証拠に基づき、確実に成果の上がる取組みを一つでも創造し、それを拡大することができれば、そしてそれらを発展させる社会システムをつくり出すことができれば、これらの問題を解決することは不可能ではない、と考える。なによりの希望は、問題の所在が明らかになってきたことである。そして、これらの問題が一つひとつ解決できれば、人類がいまだ到達したことのない全面発達をさせることが可能となる展望が開けるからである。総合人間学研究会としてこの問題を取り上げられたことは、とても心強い。

また国連・子どもの権利委員会は、子どもの発達についての問題を格別に認識し、各国政府に対して「懸念・勧告」を行ってきている。さらに健康教育国際連合やＷＨＯも〝Evidence based Health Education & Health Promotion〟すなわち証拠に基づいた取組みを進めようとしている。これらの取組みにおける国際的協働の成果にも期待したい。

第2章　思春期の危機と成長の可能性

西田隆男

たくさんの光のあるところには、強い陰がある。——ゲーテ

中学・高校生は、一般的に「思春期」と呼ばれ、子どもから大人へと向かう不安定な時期にある。この年代は、生理的には第二次性徴があって、体の成長が著しく、数年前とは別人のようになる。心理的には、個人差はあるものの生理的成長以上に大きな変化がみられる。思春期というのは、いわばサナギから蝶に「変身」する時期といえる。

子どもたちは、このような心身両面の変化を経て大人になっていく。しかし、その不安定さのために、さまざまな問題が発生する。そのたいへんな過程のなかで、どのように成長するかがその後の人生に影響してくる。

人生のライフサイクルのなかで、非常に生命力に満ちた時期なので、そのエネルギーは、肯定的な方向にも否定的な方向にも向かう。前者の場合には、いわゆる「輝ける青春」になり、後者の場合は、社会的な問題行動、あるいは病気というかたちをとって現われてくる。

ここでは、思春期を生きている子どもたちの成長の過程でみられるいくつかの現象を取り上げながら、人間学的に何が問題になっているかを検討する。

1　いま問題になっている現象

そこでまず、どのようなことが問題になっているかをみていきたい。日本では、思春期に多く発生する病理として、以下のような現象があげられる。

重症なものとしては、摂食障害（拒食・過食）、自傷行為（代表的なものがリストカット）、パニック障害などである。こうした状態にあっても、いちおう学校に行くことができている場合は、ふつうの生活をしているようにみえるため、子どもがそのような問題を抱えていることは、周囲の人にはわかりにくい。

次にあげられるのは、タバコ・アルコール・ドラッグの問題である。法律で禁じられているにもかかわらず、十代ですでにかなり流布している。

タバコについては、よく「七五三」といわれる。喫煙率が小学生三割、中学生五割、高校生七割という意味である。この数字はかなり大ざっぱであるが、子どもたちの正直な声を聞くと、男子ではそれに近い数字を実感する。思春期の深刻な健康問題である。

アルコールについては、タバコ以上に高い飲酒率が予想される。日本は伝統的に、酒には寛容な社会である。それに加えて最近では、ジュースと間違えるようなアルコール飲料が開発され、自動販売機で簡単に手に入る。十代の飲酒に関しては、ほとんど黙認状態である。

ドラッグの問題はさらに質的に深刻かもしれない。注射や吸引によるドラッグの摂取は、いかにも「薬物をやる」という行為で、そこへ至る敷居が高かったが、いまでは手軽に、スマートに摂取できる。ＭＤＭＡのように一見ラムネ菓子のようになって流布しているものもある。タバコやアルコールとは浸透の度合いに格段の違いがあるものの、潜在的に危険な状況である。

その他にも、女子の「援助交際」という名の売春行為や、男子に多い「ひきこもり」、また、全国で毎日、ゲームのように行われている「万引き」という名の泥棒行為……。

これら思春期の陰の部分をいかに理解し、どのように対応していくかは、重大な社会的問題であると同時に、人間学の根本的な課題であるといえる。それは、これらの問題行動の根っこには、人間学が探求している「人間とはなにか」「人生とはいかなるものか」といった問いが深く関係しているからである。

実は、思春期にみられるさまざまな問題には、人間存在、そして人生の究極的な問題が凝縮されているといっても過言ではない。また、現代では社会全体の矛盾や問題が、子どもたちに反映されて出てきている。そういう意味で、思春期の問題は個人の問題であると同時に、社会の問題でもある。

このような視点に立って、どうすれば思春期の子どもたちが、陰の力に負けることなく、本来の光の力に守られて、人生を肯定的に生きていけるかを考えていきたい。

2 思春期問題の社会的背景

思春期の子どもたちが表出する病理には、社会の病理が深く結びついている。

そのことがもっとも如実に現われているのが「援助交際」であろう。十代の少女の性を買うのは、大人の男たちである。最近では、少年たちの性に対するニーズもあるという。

子どもたちは、表面的には、「お金が欲しいから、お互いに同意のもとでやっているだけだ。なにが悪い」と正当化しようとする。でも内面では、本当に「したい」と思っていない。

売春自体は、歴史的に古くから存在しているが、今日の日本のように、一般に経済的になんの不自由もない少年少女が、ただお金のために体を売るのは異常なことである。その深層には経済的事情とは別の要因があると考えられる。

このことは、「リストカット」「オーバードーズ」（多量にクスリを服用すること）といった自傷行為にも当てはまる。体も健康で、経済的にも恵まれ、なに不自由ない子どもが、なぜ自らを傷つけるのか。生命維持に不可欠な活動である摂食に対しての、「拒食と過食」という行為も、一種の自傷行為といっていいだろう。

常習の万引きも、これらと似た行為である。彼らは、その商品が欲しいわけではない。本当に欲しければ、買うことができるだけのお金は所持している。にもかかわらず、あえて万引きをする。悪いことであり、見つかったら捕まるかもしれないということはよくわかっている。

このような逸脱行為の特徴は、行為によって物質的に得られるものが目的ではないということである。何かが欲しくてしている行為ではない。客観的には、必然的な理由がないようにさえみえる。かつての社会的問題行動には、それなりに納得できる理由があった。貧乏で、食べるものがないために盗みをはたらく。家族を養うために体を売る。それらは生きていくためにせざるをえない行為であった。

社会的な必然性がみえないにもかかわらず、問題行動をする子どもの心には、何が起こっているのだろうか。問題行動の根っこに何があるのか。次に、この点を探っていきたい。

3 アディクションという病理

思春期のこのような一見不可解な問題行動を解くカギは「アディクション（addiction）」である。アディクションとは、日本語で「嗜癖」とか「依存（症）」を意味し、思春期の摂食障害・自傷行為・援助交際といった問題行動の底に流れているものだといわれている。

子どもに限らず、大人でもこれに近い行為はある。代表的なものは「アルコール依存症」と「薬物依存症」である。アルコール依存症とは、アルコールに対するアディクションであるが、大人がアディクションとしてアルコールを飲むときはどんなときかを考えると、子どもの行為が理解しやすい。会社で仕事に失敗したとき、上司に叱責されたとき、同僚にうまく溶け込めなかったときなどに、〝うさを晴らす〟ための酒をあおる。問題の解決にはならないが、そのとき陥っている心のつらさはいっとき忘れられる。薬物依存症も同様であろう。

子どもが問題行動を起こすきっかけは、子どもなりの心のストレスである。友達関係、親子関係、勉強がわからない、スポーツができない……。大人から見ればささいなことであっても、人生経験のない未熟な子どもにとっては大問題である。それをいっとき忘れるために、彼らは先述したような行動に走る。もちろん、そんな単純な理由ばかりではない。現代社会の病理という大きな問題も関係している（これについては後述する）。

大人のアル中は、そういうことが度重なると、何かあるとアルコールに依存し、やがてはアルコールなしでは生きていけなくなる。コントロールも利かなくなる。薬物依存症も、生きる苦しさから逃れるために薬物に依存する。そうしているうちに薬物にハマってしまい、はじめはコントロールして使っているものの、しだいに薬物に支配されて日々を送るようになる。クスリが生活の中心にくるのである。生活にも支障をきたすようになり、被害妄想や追跡妄想が生じ、しまいに入院である。家族からも、医療からも、世間からも見放されて、自分でも自分を持て余す。アルコール依存症と同様に、回復するのにたいへんな困難をともなう病気である。

しかし現在、こうした薬物依存症から回復した人たちによる啓発運動が盛んになっている。薬物依存症者の行き着く先は刑務所か精神病院か死体安置所というのが通説であったが、それを覆すような回復例が数多くみられるようになっている。したがって、思春期の問題行動と「アディクション」という共通項がある、薬物依存症者の回復の過程をみることで、子どもたちの問題の解決の糸口がみえてくるのではないか。
そういうこともふまえながら、アディクションについてさらに詳しくみていきたいと思う。

4 アディクションの三つの特徴

アディクションの第一の特徴は、「ハマってしまう」ことにある。アディクションの対象となるものに支配されてしまい、それなしでは生きられなくなる状態である。もっとも本人には〝支配されている〟という自覚はなく、いつでもやめられると思い込み、コントロールしている〝つもり〟でいる。この状態のことを「否認」と呼んでいる。アディクションを理解するキーワードのひとつである。

第二の特徴が、依存することで生活のバランスをとっているということである。たとえば薬物依存症の場合は、覚醒剤の摂取によって仕事や勉強に専念することができる。一晩でも二晩でも眠らないで働くことができるのである。あるいは、いつもは引っ込み思案な自分が、誰とでも友達になれる陽気な性格になれる。また咳止めシロップを使えば、徹夜で試験勉強ができる。拒食・過食そして自傷の場合は、もう少し複雑であるが、生活とのバランスをとるという意味では同様である。

したがって、このような行為をしている子どもたちは、ごく普通の日常生活をしているようにみえる。毎日登校し、問題など何もないかのように勉強し、友達とつきあい、学校生活を楽しんでいる。彼らのそうした日常を支えているものがアディクションという行為であることなど、何か問題が生じないかぎり表面には出てこない。

そして第三の特徴は、二番目の特徴とも関係してくるのだが、アディクションによって生きようとしていることである。しんどい日々であるが、なんとか生きる努力をしている。自傷行為など、現象だけみると、生きることとは反対の行為のようであるが、彼らにとってはそうではない。

リストカットする子も、過食嘔吐する子も、自分たちのしていることが愚かな行為であることはよくわかっている。それでもせざるをえない自分がいる。彼らは、そのようなときの心の状態をよくこう表現する。

「手首を切って、血が出たあと、気持ちが落ち着く。」

「食べたものを吐くことで、自分をコントロールしている実感がある。」

行為自体は、病気や死につながることであるが、彼らにとっては、サバイバルのための努力なのである。

アディクションの対象として、アルコール、タバコ、ドラッグといった「モノ」に対するものと、摂食障害、自傷行為といった「行為」に対するものを取り上げたが、もうひとつアディクションの対象となるものがある。それは「人間関係」である。「共依存」と呼ばれるものだ。相手に頼ることによってその人をコントロールしようとする人と、頼らせることで相手をコントロールしようとする二人の間に生じる関係の病である。互いに憎みあっているのに離れられないケースが多く、親子、夫婦、恋人同士でよくみられる。お互いに依存しあうことで、バランスをとって生きているのである。

5 人生の問題の根本にあるもの？ 生きにくさ

このようなアディクションの根底にあるのは「生きにくさ」である。

現在は社会全体が、生きにくくなっている。たしかに物質的には恵まれているが、精神的には、生きるのが難しくなっている。とくに思春期の子どもにとっては、そうであろう。彼らが生きにくさを感じる要素について、いくつかあげていきたい。

一つ目として、「社会的規範がなくなっていること」があげられる。生きるうえで大切なものは何かという道徳的な教えは〝古くさいもの〟とみなされ、善悪の境界があやふやになった結果、自分の行為の基盤を見つけることができない。人生の先輩である大人も、生き方のモデルを示してくれない。かつてはあった、生きるうえでの確固たる指針が見えなくなっているのである。

二つ目に、思春期を迎えるにあたっての「気持ちの切り替えをする機会がない」ということである。江戸時代には元服があり、また名前が幼名から大人の名前に変わるなどして、「自分は一人前の大人になった」と自覚する儀式があった。そうした儀式を通して、心構えを変えることができた。

日本にかぎらず、たとえばアメリカ先住民の社会では、大人になるための条件として、夜、荒野のただなかで一人過ごすというイニシエーションを経なければならない。それをクリアしてようやく一人前の人間として認められたのである。一人前として認められれば、次の段階としてマスターしなければならないことが決められていた。自分が成長するために行うべきことが決められ、それを実行すれば、たしかに成長を感じられたのである。

ところが、いまは自分でそれを見つけていかなければならない時代である。社会的に自由が与えられたためであるが、自由の代償として、自律と自立を自らの責任で体得しなければならなくなった。かつては共同体の一員として、成長して大人になるためのシステムが整えられていた。「自由」はなかったが、「安定」はあったのである。

現代人に与えられたこの自由は、不安定な思春期の子どもには、荷が重すぎるのではないだろうか。両親や教師など、人生のモデルとなる人と出会い、社会的規範を学ぶ機会があればいいが、そうでなければ、生きる姿勢すら自分で決めていかなくてはならない。それが正しいかどうかなど、未熟な彼らが判断するのは難しいだろう。この「自由」をどうしていいかわからず、彼らはなにかに依存してしまうのではないか。

成熟した大人でも、自分の意思で、責任をもって現実に対応していくのは、たいへんなことである。そう考えると、現在の子どもの心の不安感は相当大きいと考えていい。

三つ目に、多くの地域で地域共同体がなくなったことと関係していることがあげられる。さまざまな行事をとおして自然に形成されていった人間関係が、共同体の喪失によってできなくなった。自分で工夫し努力して、友達をつくっていかなければならない。目上の大人との人間関係の結び方を学ぶ場もなくなった。

思春期は、自意識過剰になるために、人間関係が難しくなる。それまで順調であった親子関係でさえうまくいかなくなってくる。いわゆる第二反抗期である。親に依存していた居心地のいい場所から立ち上がって、自立の道を切り開いていくとき、地域共同体という学びの場の欠如は大きな損失である。そうした場では、たとえ親とはうまくいかなくなっていても、親とは別の信頼できる大人との出会いもあったであろう。

友人関係も児童期のように、「みんなお友達」というわけにはいかなくなる。まず、男子と女子の〝壁〟ができる。そして、友達どうしの壁がつくられてくる。中学・高校では、同じクラスなのにほとんど口をきかない人がいるということがよくある。こうしたとき、何かのかげんで、集団の中で独りぼっちになってしまう場合がある。周囲から孤立すると、心理的につらくなって、ひきこもることで自分を守るケースが出てくる。

いま、子どもたちがいちばん求めているもの、大切にしているものは、何かといえば、それは友達であり、仲間であろう。仲間づくりは、この時期の重要なライフワークのひとつである。

それほど貴重な人間関係をうまく結べない場合、アディクションに至るような生きにくさを心に抱いてしまう。

地域共同体の中で、異年齢集団の仲間たちと遊ぶにはどうすればいいかなどの人間関係の機微を学び、同時に大人に接することで将来の自分のモデルをみる。地域行事への参加をとおして、何かをやりとげる過程を体験する。そうした機会が欠けていることも、現代の問題点としてあげておきたい。

6 回復と成長に必要なこと

では、不安定な思春期の陰から、未来の可能性が開かれる世界に移行するために必要なこと、役立つことは何か。このことを次に検討したい。

まず第一にあげられるのが、先にアディクションからの回復のキーワードとして指摘した「否認」をやめることである。生きにくさを感じていながら、それを認めない。アディクションに陥っていながら、それを否定する。それでは問題を解決するためのスタートラインに立つことすらできない。

否認をやめることは、自分ひとりの力では、どうにもならなくなったことを認めることでもある。認めることで、ようやく次のステップに進むことができる。

だが否認は、アディクションにからめとられている者にとっては、サバイバルのために必要なものでもある。それが真の回復の妨げになってしまうということは、この段階をクリアして、回復のためのスタートラインに立つことがいかに困難であるか、想像がつくだろう。

しかし、幸いなことに、思春期の子どもの場合は、大人のアルコール依存症や薬物依存症よりも回復しやすい。未成年なので、周囲の人が気を配ってくれるからである。それに大人よりも感受性が鋭いので、どうにもならなくなった状態に比較的早く気がつく。それで躊躇しつつも、信頼できる人に助けを求める。ここに十代のアディクションからの回復の救いがある。

否認から脱却すると、次にしなければならないことは、自分の問題と正面から取り組むことである。そのときに、周囲によき隣人、サポーターがいることがとても重要になる。

思春期のどん底から回復し、成長していった子どもたちのケースをみると、必ず支援してくれるサポーターがいる。それは、家族であったり、学校の教師であったり、司法・福祉・心理の援助職の人であったりする。この出会いが決定的に重要である。

けれどもこうしたサポーターより効果が高いのが、友達であり仲間である。専門の援助職が何人も協力して対応してもだめだったものが、仲間のサポートで奇跡的に回復につながることがある。奇跡的とは、彼らが具体的に目に見えるかたちで何をしたかわからないが、仲間との関係のなかで変わっていったということである。専門家にできないことが、仲間との関係でできる。このことは薬物依存症からの回復にとっても、必要不可欠な要素となっている。

さて、回復と成長にとって第二に必要なことは、「ありのままの自分を受け入れること」である。どうしようもない自分だけれども、それはそれとしてオーケーなのだと自ら認めることだ。

アディクションの傾向がある子どもは、自分に失望していて、自己評価も自己肯定感も低い。否定的な陰の世界に漂っている。そこから脱出するためには、ありのままの自分を肯定することが大切である。すなわち、自分は「いまのままで価値のある存在なのだ」と信じることである。

これができれば、あとのことはどうでもいい。それくらい重要なことである。なぜなら、自己肯定感をもつことが、人生を生きるうえで大切だからである。逆にいえば、人生を生きにくくしているものが、自己肯定感の欠如なのである。

自分を肯定できなければ、「どうせ私なんか」と、すべてがどうでもよくなって、人生を投げてしまう。思春期の陰の力が衝動的にはたらくのである。

そのために周囲ができることは、ありのままの子どもを認め、信じることである。信じること、信頼することは、人間の回復と成長に欠かせない要素である。

第三に必要なこと、それは「任せる」「委ねる」という要素である。アルコール依存症や薬物依存症の臨床現場では、「ハイヤーパワー」に委ねると表現されている。ハイヤーパワーとは特定の神や仏といった存在をさすのではなく、自分自身の意思を超えた何か偉大なるものという程度の意味である。前述した薬物依存症者の回復に至る話には、ハイヤーパワーという存在のことがよく出てくる。

アディクションからの回復に、なぜハイヤーパワーが必要なのか。おそらく、彼らにとってアディクションの対象が神のようになっているからであろう。その一方で、アディクションの責任はすべて自分にあるとみなし、それが病気によるものであることを否認する。意識の奥に異常な自己中心があるためだ。だから失敗すると激しい自己嫌悪と自己憐憫に陥る。「なんて意志が弱いんだ」「情けない。こんな自分はまったく価値のない人間だ」などと考えてしまい、自己肯定感が低くなる。

委ねることで、どうして回復するのか、そのメカニズムはわかっていない。人間学的にもたいへん興味深いテーマである。ひとつ考えられるのは、アディクションは自分でコントロールしようとする病である。だからコントロールとは正反対の、委ねることが効くのかもしれない。

そこでひとつ臨床的に注目すべき現象が起きる。それは、このプロセスを経たものは、謙虚になることである。アディクションの心理の特徴に自己中心からくる傲慢さがあるが、それがなくなる。十代の子どもにそんなことが生じるのかという疑問が起こるかもしれないが、実際に、そういう劇的な変化が起こる。

まとめ

思春期は、人生で起こるさまざまな問題が凝縮されている時期である。このときに人間存在の究極的な問いが発せられることが多い。それゆえに、思春期の子どもたちの問題は、人間存在そのもののあり方を象徴しているということができる。

そこで、彼らが抱える問題と病理を手がかりにして、人間の成長にとって、何が大切であり、人生にとって意味のあることとは何であるかを探求してきた。その結果、それをひと言でいえば、「自己肯定感」であり、「謙虚さ」であるという結論を得た。

これが、人間の人格的成熟にどのように関係しているのかについては、今後のさまざまな領域の研究成果に期待したい。

参考文献

汐見稔幸・田中千鶴子監修、上田勢子訳『十代のメンタルヘルス』全一〇巻、大月書店、二〇〇五年
東京ダルク支援センター編『JUST FOR TODAY 今日一日―薬物依存症とは何か』東京ダルク、一九九八年
東京ダルク支援センター編『JUST FOR TODAYⅡ 今日一日―薬物依存症からの回復』東京ダルク、二〇〇三年
東京ダルク支援センター編『回復していくとき』東京ダルク、二〇〇二年
東京ダルク支援センター編『ダルク―日本とアジアの薬物依存症事情』東京ダルク、二〇〇五年
ステファン・ルース『若い人のための12ステップへの手引き』みのわマック、一九九八年
浦河べてるの家編『べてるの家の「非」援助論』医学書院、二〇〇二年
浦河べてるの家編『べてるの家の当事者研究』医学書院、二〇〇五年

第3章　子どもの攻撃性と対応を考える——教育臨床の場から

横湯園子

1　攻撃性の質を再び問う必要性

カウンセリングルーム等の空間は隔絶した空間では決してないが、一見隔絶しているかに見えるだけに、子どもたちの口から社会事象への疑問や本音が真摯に語られる空間である。そのような空間にもかかわらず、このごろは少年事件などについて、以前と比べるとあまり語られなくなった。大人と同様に、子どもも「またか」という諦め気分にあるのだろうか。それとも報道の喧騒のなかに垣間見えてくる何かが鬱積した自身の何かと重なっていて口に出せないのか。そのような疑問や気がかりを抱きながら、本論文のテーマを選んだのだった。

その気がかりの始まりは、神戸児童殺害事件であった。「騒ぐだけ騒ぐのではなく、大人は学校も社会も変わることができるのだということを見せてほしい」と声を強めた青年、「せんせい、学校は変わるの？」と質問した少女に対して、そう簡単に社会や学校が変わるはずもなく、「変わってほしいわね」としか私は言うことができなかった。

案の定、神戸家裁での判決後、マスコミ報道に幕が降りてしまった。大人たちが、子どもや青年を裏切ってしまったなぁという思いが私のなかで尾を引いていた。大人から「護られている実感」を失った子どもや青年たちはどうなるのかと不安であった(1)。

そこへ、栃木県黒磯市の北中学校一年生男子生徒による女性教師刺殺事件が起きた。生徒を指導し護るべき教師が、逆の立場の生徒にナイフで刺されるという、通念の逆転である。この事件は構造的には「対教師暴力」、「対生徒暴力」のどちらにもなる可能性があり、芹澤俊介が指摘するように、言葉の暴力という点では教師のほうが一方的に生徒の言葉を奪っており、対教師暴力になる必然性が高かったとはいえる(2)。

二つの事件で問われたのは、この件にかかわった専門家たちであった。神戸児童殺害事件では少年が精神科医のもとや児童相談所に連れていかれていただけに、精神科医とカウンセラーの、女性教師殺害事件では教師の専門性を世に問われたのだった(3)(4)。

そして、女性教師刺殺事件から日を置かずして、埼玉県の中学一年生の「いじめ・いじめられ」の立場の逆転によるナイフ刺殺事件が起きたのだった。これらの一連の事件を、私は、愛知県の大河内清輝君のいじめられ自殺から神戸児童殺害事件を経て、子どもたちは大人からの護られ感を喪失し、自力救済するしかないと思いはじめたのではないか、という実感で受けとめた。不安と憂いを確認されてしまったとでもいうような実感であった。

私のそのような実感を、芹澤俊介、斉藤次郎たちは「武装化する中学生」と表現し、日米の少年犯罪の推移に類似を見る佐藤学は「暴力の原因は多様で複合的だが、ニヒリズムとの闘いこそが克服の鍵である」として「ニヒルの中の少年」と表現していた(5)。

この大人からの「護られ感の喪失」「自力救済」という実感をさらに深めたのが、一九九八年一〇月一八日夜北海道中標津町の高校一年生男子の、ナイフによる傷害致死事件の加害者少年の言葉であった。男子二人は、高校入学後不仲となり、加害男子はいじめの対象となっていた。事件の起きた夜、刺殺された少年がほかの数人と一緒に男子を呼び出し、加害男子はナイフを携帯してその場に出向き、殴り合いのけんかとなり、傷害致死に及んだとのことであった。男子は調べに対して「ナイフを出せば、相手も殴るのをやめると思ったが、そのまま向かってきたのでとっさに刺してしまった」と話したそうである。

そして、少年事件の場所や対象も、学校から外へ、同胞から大人へと広がりながら今日に至っている。そして、いじめ・いじめられ暴力だけでなく、虐待等を含めたなんらかの暴力被害が横たわっていると思われる事件が目立ってきた。

後に述べる札幌の連続放火事件は、長期にわたるいじめが背景にあり、最近でいえば、たとえば、東京の板橋区両親殺害事件ではDVがにおい、町田市女子高校生殺害事件でも、暴力被害のにおいがするのである(6)。

このように、水面下で進行していた病理が噴出している現在、暴力文化や過剰な報道を含めて、暴力根絶のための努力がなされなければならず、そのためにも子どもの攻撃性の理解やその対応の熟達が求められるのである。

2 内在するその時代性

埼玉県の中学一年男子のナイフ刺殺事件や北海道の高校一年男子のナイフによる傷害致死事件からは、彼らのあまりに哀しい健気さ、稚拙さが気になった。ナイフというアイディアの貧困さに、現在の日本文化の貧困、暴力文化の影響を見る思いがした。黒磯の中学校の女性教師刺殺事件も含めて、ナイフを突きつけられた側の人間が、危険を察知してもなお「鈍」で「ひるまない」ことにも驚いた。死への脅威に対しては防衛機能がはたらくものであるが、その本能さえも不活性化してしまったのだろうかという感想を抱いたのだった。

なぜ、「ひるまない」のか。事件に共通する、加害者の未熟な発想や衝動的なエネルギーの爆発、被害者の防衛本能の不活性化や面子と気負い。それは、「ノー」の自己主張を封じられ、過剰な要求を強迫的に遂行してしまう「ねばならない」を体質化させ、ギブアップを「弱さ」としてきた、「がんばれ日本」「がんばれ勉強」の結果ではないかと思われる。

このような感じ方を、元家裁の調査官であった佐々木光郎も、近年、非行臨床（調査）に登場する子ども像が変化しつつあり、非行や補導歴のない「いい子」「普通の子」による非行が目立つようになり、「いい子」「普通の子」のほとんどが「教育熱心」な家庭で育ち、学校生活でもとくに問題のない子どもが目立つようになったこと、その変化に気づいたのは、面接時の子どもの姿勢であったという。かつては覇気のない表情をしたかと思うとふてくされて反り返るなど、座る姿勢にも特徴があった。ある日から、椅子にきちんと正しく腰かけ相手の目をしっかりと見る少年が現われはじめたこと。最初の変化に気づくきっかけはこの光景であったという。

佐々木は、このような顕著な子どもの変化は一九九〇年頃からであり、競争社会のなかで親は「教育熱心な親」となり、そのような親と同様にがんばる姿にしか価値をおかない教師の「がんばれ主義」が子どもに与えてきた影響について言及していた。防衛本能が不活性化し、危機に直面してまでの面子や意味のないがんばりが事件へと進んでしまうという点でも、現在はまさに病理の噴出期といってよい(7)。

現在が病理の噴出期という意味でいえば、ナイフ事件だけでなく、他種類の事件の背後にも、いじめ・暴力が横たわっていることが多い。たとえば、一九九八年二月二五日、札幌地裁扱いによる連続放火事件の青年もそうであった。「幼少からのいじめられ環境には同情すべき点がある」とした「懲役四年」の温情判決にもそれが滲んでいた。連続放火青年は小学一年から高校卒業までの一二年間、いじめを受け続けており、対人関係での〝すくみ〟状態が就職先にまで影響した結果の犯罪であった。

いじめられ体験による対人関係での怯えやすくみは卒業したから治るというものではなく、就職しても続いていたはずであり、職場での人間関係にも影響していったであろうことは容易に想像できる。それゆえ、情状酌量の「温情」判決がなされたと思われる。

一二年間といういじめは尋常ではなく、いじめが〝風景化〟しているから続いたのである。精神科医の中井久夫は、いじめのプロセスを孤立化、無力化、透明化で説明をしており、否認による風景化について、透明化段階になると、繁華街のホームレスが見えないように、善良なドイツ人にユダヤ人強制収容所が見えなかったように、「選択的非注意」という心的メカニズムがいじめをまったく見えなくするのだと述べている。周囲の否認、選択的非注意によって、彼はどれほどの無力感と絶望感を味わってきたことであろうか。無意識的にしろ、受動的敵意を育むことで自分の生き延びをはかったのではないかと思われる。(8)

ジュディス・ハーマンは、すくみについて、「外傷性記憶は言語による「語り」も、「前後関係」もない。それは生々しい感覚とイメージとの形で刻みつけられているのである」と述べ、その実例の一つとして、レイプ後生存者の一人を紹介している。「夜道を走らせているとき、車のヘッドライトの光の中で立ちすくむウサギを見たことがありますか―金しばりに遭って―ウサギは次に起こることを観念しているのです―まさにあれでした」という話を紹介している。(9)

この放火青年も、「ヘッドライトに立ちすくむウサギ」状態になっていたと思われる。どの程度、「立ちすくむウサギ」状態であったかどうかはわからないが、就職が「いじめの終わり」の区切りとはならなかったという状況下で、長年の鬱積されてきた攻撃性が、放火という破局的反応を起こさせてしまったのではないかと思われる。

しかし、この青年は事件を起こしたことによって救われたともいえる。長期化したいじめに気づいたのは弁護士であった。その弁護士によって聴きとられ、語っていくことによって、彼ははじめて独りで闘わなくてもよいという経験をしたのだ。裁判という不幸な形ではあるが、風景化されていたいじめられが、社会的に認知されたのである。

同胞によるいじめ・いじめられ、大人・教師による体罰、犯罪被害の増加、家庭内という隠蔽された空間で行われている虐待、DV等の暴力による心的外傷は、時を経て、神経症的にか反社会的にかはともかくとして、「社会的症候群」現象になっていくのは必定である。それだけに、暴力の根絶を含めて、攻撃性の理解やその対応、かかわる専門職の専門性の確保が求められているのである。

3 攻撃性への理解とつき合い方

『精神医学事典』によると、「攻撃性」という言葉はいくつかの層の概念を含んでおり、

(1) 攻撃行動。怒り、敵意、憎しみ、恨み、不満などにもとづいて、他人、自分、その他の対象に重大な傷害、死、苦痛、恐怖、不快などをもたらす行動であり、これには身体的攻撃と言語的な行動とが分けられること。

(2) 人間がその本能としてもつと思われる攻撃への傾向。攻撃本能。

(3) その本能のもつエネルギーの三つに分けられるという[10]。

エーリッヒ・フロムは、攻撃性には良性の攻撃性と悪性の攻撃性があり、良性の攻撃性にも二種類あると、以下のように述べている。「良性の攻撃性の一つは害を及ぼすかもしれないがその意図のない攻撃行動であり、もう一つは防衛的攻撃である。この防衛的攻撃は動物にも人間の脳にも組み込まれていて、死活の利害への脅威に対する防衛機能を果たす。」フロムは、もし人間の攻撃性が多少なりともほかの哺乳類と同じ程度である

ならば、人間社会はむしろ平和的で非暴力となるだろうが、事実はそうではなく、人間の歴史は異常な破壊性と残虐の歴史であり、人間の攻撃は動物のそれをはるかにしのいでいるという。悪性の攻撃性――残虐性と破壊性――は人間独特のものであり、それは本能ではないが、人間存在の条件そのものに根ざした、人間の「潜在的可能性」であると言っている。(11)

福島章は犯罪精神医学の立場から、「攻撃性失禁」と「妄想的攻撃」の二つについて述べている。攻撃性失禁とは最小の動機で攻撃衝動が爆発することをさし、攻撃衝動を抑圧・抑制・加工する能力が乏しい状態であって、その典型は脳器質性疾患であること。しかし、脳器質性疾患がただちに問題行動につながるということでもないという。妄想的攻撃は妄想患者・好訴者等のように過度の「投影」によるもので、冷静・計画的である。妄想患者では妄想にもとづく報復や自己防衛が攻撃性を起こすこともあり、うつ病者では、攻撃性は自分に向かい自殺、自責などが起こりやすいという。(12)

攻撃性といってもこのように種々さまざまである。そして、残虐性と破壊性が目的化された攻撃性が悪性の攻撃性であることはいうまでもないが、子どもたちの攻撃性はおおむね正常であるといってよい。

私が出会った〝髪の毛虹色君〟もそうであった。彼は休み時間の廊下で、女性教師に呼び止められ、一緒にいた連れが逃げてしまい彼だけが注意され続けたことに対して、「なぜオレだけ叱られるのか。差別じゃないか」と女性教師に殴りかかりそうになりながらも、「体力では自分の方が強い。そうしたら「ナイフ」になる。「ナイフ」にだけはなりたくない」とカウンセリングルームに逃げ込んできた。彼が言うには「怒り出したら自分はどうなるかわからない。自分を抑えるのに必死だった」という。子どもたちのほとんどが、彼のように攻撃衝動が爆発するのを恐れているのである。(13)

指導云々の前に、いかなる種類の攻撃性なのかの見当をつけ、判断に迷ったときには専門家の知見を乞うという配慮、慎重さが求められる。場合によっては身体的、心理的、社会的診断と治療が必要ということもある。「なめられてたまるか」とか「はじめの指導が肝心」とか「一発やっておかなくては」等々の力んだ指導は、もってのほかであろう。

また、攻撃性を発達論的にみれば、思春期から青年期にかけての自己の解体と再編成プロセスで展開される行動が、「悪」と「善」の境界域でなされるために、一見、「悪」的に映る場合がある。「正常な逸脱」につき合うのは難しく、それにつき合う大人は試されることも多いが、パフォーマンスも含めて子どもとのつき合い方に熟達していく、それ以外にないのである。(14)

熟達していくという意味で、精神科医の松田文雄の体験は参考になるはずである。松田は、病棟で少年たちから脇腹にナイフを突きつけられ動転し、少年たちのかすかな笑みでナイフが玩具であると気がつくまで「人間はこのようにして死ぬんだな」と考えていたそうである。ワークショップの壇上で「あのとき、どうして痛がってみせるとか、転がるなどして「先生を刺したら、だれが君たちを診るのだ」とか、何かパフォーマンスができなかったのだろうと悔やまれる」とつぶやいていた。そして、松田は「臨床の場で攻撃性と向き合うことが避けられないのであれば、子どもたちの攻撃性をどのようなものとして受け取ることができ、どのようなものとして返すことができるのか」、「遊びの中での攻撃性を、自分はどのように返せばよかったのだろうか」を考えなければならないと言っていた。(15)

松田は攻撃性をポジティブに受け取り返していくために、次のような一七種類の攻撃性をあげている。①本能としての攻撃性と獲得した攻撃性、②攻撃のための攻撃性と防衛のための攻撃性、③強さとしての攻撃性と弱さとしての攻撃性、④関係を断ち切るための攻撃性と関わりを持つための攻撃性、⑤感情表現のための攻撃性と感情を受け取った攻撃性、⑥自分のための攻撃性と相手のための攻撃性、⑦仲間に入りたい攻撃性と集団から出たいための攻撃性、⑧目立つ攻撃性と目立たない攻撃性、⑨個人としての攻撃性と集団としての攻撃性、⑩限度のある攻撃性と限度のない攻撃性、⑪現実の攻撃性と空想や遊びの中での攻撃性、⑫自分や相手を傷つける攻撃性と傷つけない攻撃性、⑬後悔する攻撃性と後悔しない攻撃性、⑭止めてほしい攻撃性と止めてほしくない攻撃性、⑮同一化としての攻撃性と同一化しないための攻撃性、⑯安心と引き換えの攻撃性と不安と引き換えの攻撃性、⑰攻撃性と攻撃行動。

連想される攻撃性だけでも、これだけあるのである。松田が言うように、攻撃性との対応で大事なことは「どのようなものとして受け取るのか」「どのようなものとして返すのか」である。つまり、大人がどのように受け取り返すかで、子どもは大人のそれを通して、自身の内にある攻撃性について知り、出し方、おさめ方をわかっていくのである。

以上は、いわゆる一般にいうところの攻撃性である。一般にいうところの攻撃性の種類や質以外に、福島の指摘する種類も知っておいた方がよいだろう。福島は自身が整理した精神鑑定五〇例の脳所見から、「八割以上も脳の欠陥傷害、奇形、外傷痕、脳波異常などが分かった」とし、平生は臨床症状として表われない微細な器質性の傷害が重大犯罪の隠れた原因ではないかと述べている。もちろん、「このような生物学的次元での障害のある子どもが、みな宿命的に犯罪や非行に陥るというわけではなく」、「脳障害のある子どもの多くは問題行動もない」[16]。

たとえ、行為障害等のような症状を示したとしても、「ソーシャルワーカーを中心とした環境調整によってストレスを軽減し、心理療法やカウンセリングによって情緒的ケアを適切におこなえば、彼らが問題を起こすリスクは限りなく低くすることができ」、「こうした脳の微細な障害は、普通の子どもでも感情の振幅が激しくなる思春期において最も先鋭化し問題が生じやすいから、思春期を無事に通過させれば、成人後の彼らの大部分は平和な市民生活を送れるようになることを忘れてはならない」と言う。

そう断ったうえで、福島は脳病質の人格像について、フォン・ベイヤーの八つの類型を紹介しながら、とくに攻撃性との関係の深いのは発動性の亢進（即迫状態）・刺激不快気分・情動失禁の三種類であり、もっとも多いのが脳外傷後の攻撃失禁であろうと言う。そうではあるが、「一般的にいえば、患者の攻撃性の問題も、たんに主体の資質や疾患の結果ではなく、置かれている状況・対人関係等の関数として理解せねばならないだろう」ことと、「臨床的経験からすれば、相手への対象関係希求のアッピールと見るほうが、行為の意味の読み取り、治療への手がかりとすることができるように思う」と述べている。

つまるところ、微細な脳障害であろうがなかろうが、考慮されなければならない対応で大事なのは、やはり、かかわる人間のありようであろうということになる。

福島の問題意識と主張を受けて、思春期の脳障害患者、関係性、介入と援助について考えていた私は、一九六〇年代とやや古いが、精神科医・精神分析医であるホルスト・リヒターの事例報告を思い出したのだった。(17)

七歳の少年ミヒャエルは、誕生直後の脳障害で顔も左右対称ではなく、また知的障害もあり、彼の問題行動をめぐって家族葛藤も深刻であった。この事例では、リヒターは問題の分析的徹底治療をするというよりも「援助」に徹し、児童福祉局のソーシャルワーカーや教師の援助を得て、長期間、家族を支えていく。

外傷性の脳障害をもった子どもの問題が先鋭化する思春期は、本人や家族だけでなく、治療者にとっても緊張の時期である。思春期年齢に達したミヒャエルの非行という危機も、専門家たちの支えによって乗り切っており、リヒターは「身体的な原因からこれほど世話が焼け、衝動的で、知能の低い少年が、家族の外でも学校でも共同生活を送ることができたというのは注目に値する成果である。仮に彼が――家庭、学校、あるいは施設を転々とするなど――幾度も追い出しを経験したとすれば、彼はほとんど確実に、とうの昔に少年院の絶望的な保護観察ケースか、孤独に、のらりくらりと日を過ごす人間になっていたであろうこと、また、この困難な歳月を通して、夫婦自身もまた著しく成長したのであり、課題と取り組むことを通して、彼らめいめいが自敬の念を獲得し、当初非常に危険にさらされていた互いの結びつきを強化したのである」と振り返っている。

4 いかに、危機をはずすのか

子どもの攻撃性と対応について、攻撃性の種類が何であれ、対応で大事なことは関係性でありかかわる人間のありようであるということである。必要な場合は介入と援助のネットワークで、協同・共同していくということになるが、その際、専門家の判断が大事になる。経験豊かで細心かつ度量のある専門家であることが望ましく、リヒターの事例はそれを私たちに見せてくれたといってよい。

さて、危機をいかにはずすのかであるが、女性教師刺殺事件の経過を追ってみる。

A：生徒は二時間目と三時間目の休み時間に保健室に行き、トイレ（少年はトイレで吐いている）に寄ったため、

B：教諭の英語の時間に約一〇分遅れて着席した。この時、教諭から「トイレに行くのにそんなに時間がかかるの」と注意された。

C：級友からの話によると、生徒は無造作に着席すると、ノートを音を立てて大きく開き、シャープペンのしんを出さないまま。文字のようなものを書いた。ノートは破れたという。授業が進むと、付近の生徒と漫画の話題などについて雑談を始め、教諭から「静かにしなさい」と再び叱られた。

D：授業が終わる直前になって、生徒は教壇のほうをにらみつけながら「ぶっ殺してやる」と言ったという。

E：三時間目の英語が終わると、腰塚教諭が生徒と友人を呼び出して、再び注意した。

F：先生が、生徒ら二人を問いただした。「先生、なにか悪いこと言った？」

生徒「言ってねぇよ」

先生「ねぇよっていう言い方はないでしょ」

「うるせぇな」生徒はそう言いながら、ナイフを学生服の右ポケットから取り出し、向き合う先生の首筋のあたりに当てた。

G：先生は、ひるまず、言い返した。「あんた、なにやっているのよ」。これが最期の言葉であった。

先生は前のめりになって倒れた。この間、約五分だった。

この経過のどの部分で、刺すという情動へと向かっていったのか。危機をはずす機会、場面があったとしたら、どこであったのか。

Aにおける彼。荒れた学校ではとくにそうだが、生徒の頻繁な保健室出入りや保健室登校を嫌う教師が多い。嫌うだけでなく、敵意を抱いている教師をしばしば見聞きする。このとき先生はどうであったのだろうか。保健室からトイレへ。なぜ吐いたのかも気になるが、緊張場面は遅刻の原因となるトイレ云々からすでに始まっている。中学一年といえば思春期の入り口である。生徒にも少年特有の羞恥心があったはずである。ナイーブな感性をまだ失っていないはずの若い女性教師が、すでに少年のそれらを感受できなくなっていたとしたら悲しいことである。続けられる授業風景、生徒の態度はふてくされていて、挑発的でさえある。明るく優しい反面、遅刻や授業中の私語には厳しかったという先生である。気にならないはずがない。人と人との関係は言葉だけではなく、五感と五感との関係でもあり、先生の感情が少年に伝わらないはずがない。その逆も然りである。

彼はBとCで二回注意される。そして授業が終わる直前のD「ぶっ殺してやる」という言葉になる。この「ぶっ殺してやる」の言葉。状況から考えると、口にすることで気持ちのコントロールをはかったというよりも、苛立ちと強がりからの言葉であったと思われる。双方ともに、一触即発の苛立ちや緊張が高じていたといってよい。

一触即発状況でEとなり、公衆の面前で廊下に呼び出される。学校における廊下は公道である。廊下は生徒や教師だけでなく、職員、親や業者等も行き交う道なのである。おさまりかけていた感情が刺激されただけでなく、双方に人の目を気にした面子もあったろう。公道の恐ろしさはここにある。

Fで「先生、何か悪いこと言った?」と本質的な質問をしているにもかかわらず、先生は「ねぇよっていう言い方はないでしょ」と叱ってしまい、本質からそれてしまう。このような本質的質問を廊下ではなく、個室で静かに問うていたなら、展開も違ったであろう。

「うるせぇな」という言葉とナイフ。かなり切迫した雰囲気である。五感をフル回転して、総力で危険を回避しなければならない場面である。新聞記事だけでは雰囲気がわからないが、感情は言葉の調子にあらわれることを考え合わせると、先生のことばは「!」のついた「あんた、なにやっているのよ!」でなかったか。少なくても静かに問う「あんたなにやっているのよ?」であったなら、刺すという行為にはならない。

静かに問うような「?」になるのには、恐怖、動転から立ち直ろうとする一呼吸が必要となる。生徒に非があったとしても、教師は大人であり専門職であり、危険を回避する成熟さが求められるのだ。問うような「?」であったなら、ナイフを握る手の力も弱まったのではないか。後に言っているように生徒に殺すつもりはなかったのだから、「怖い」「やめて」と涙がでてしまう弱さがあっても、恥ずかしくはない。

その点、前述の少年たちから脇腹にナイフを突きつけられた際の松田には、動転しながらも、「人間はこのようにして死ぬんだな」と考える余裕を取り戻している。少年たちの笑みでナイフが玩具であることに気づくまでの時間は推察するに、せいぜい約一、二分間程度だったのではないか。その間に、危機を回避していく。

生と死に付き合ってきた松田固有の人生がそう考えさせたかもしれず、とにかく、そう考えるあいだに「一呼吸」の「間」が、さらに少年の笑みに気づかせる「一呼吸」をつくっている。つまり、「二呼吸」の「間」を得ることによって、危機を脱している。危機の対処に、その人の人生のすべてが総動員されるのである。とにかく、知識、経験、感性、イメージ力その他のすべてを総動員して危機を回避する。双方ともに被害者、加害者にしないことである。それが熟達への道なのではないか。それを願うことによって、より熟達していくのではないか、そう思うこの頃である。

もう一つ。精神・神経科医である鹿野達男の『攻撃性のための一序論』は、学校における一連の事件や攻撃された同僚の話から始まって被害者像に言及していて示唆的である。被害者像をまとめると、尊大、厳格で患者に冷たく距離をおいて接する人、自信がなく温和で憂鬱で無力な人、治療に熱心・献身的で、患者に許容的・中立的、しばしば分析的に接する人の三つのタイプになる。課題はいずれにもならず道行をともにせよということか。(18)

注

（1）横湯園子「神戸児童殺害事件・二つの視点」『教育』№六二六

（2）芹澤俊介・斉藤次郎他『子どもたちの世紀末』運母書房、一九九八年

（3）注1に同じ

（4）横湯園子『教育臨床心理学』東京大学出版会、二〇〇〇年

（5）佐藤学「虚無の中の少年と暴力」朝日新聞、一九九八年二月二五日

（6）横湯園子「思春期の心理見る必要」読売新聞、二〇〇五年一一月一〇日。卒業文集分析が目的のコメントのため、加害少年の攻撃性の質について抱いた印象にはふれなかった。

（7）佐々木光郎「家裁の調査から見える子ども観」『人間と教育』№四八、旬報社、二〇〇五年

(8) 中井久夫「いじめとは何か」季刊『仏教』№三七、法蔵館、一九九六年
(9) ジュディス・ハーマン『心的外傷と回復』みすず書房、一九九六年
(10) 加藤正明他編『精神医学事典』弘文堂、二〇〇一年
(11) エーリッヒ・フロム『破壊』紀伊国屋書店、一九八一年、第一一章
(12) 福島章『犯罪心理学研究』金剛出版、一九九七年
(13) 横湯園子『教育臨床心理学』東京大学出版会、二〇〇〇年
(14) 横湯園子『登校拒否・新たなる旅立ち』新日本出版社、一九八五年、第四、五章を参照。
(15) 松田文雄「児童・生徒の攻撃性と対応——医療現場から」(思春期青年精神医学会 第一一回大会ワークショップ抄録)一九九八年
(16) 福島章「さかきばら少年の精神医学」『犯罪と非行』№一一四、一九九七年
(17) ホルスト・E・リヒター『病める家族』佑学社、一九七九年、第一五章
(18) 鹿野達男・原俊夫『攻撃性——精神科医の立場から』岩崎学術出版社、一九九〇年

第2部　現代日本の教育の根本問題

第4章　子育てから人間の心の危機を考える

大田　堯

1　その気になるということ

　わたくしがここで述べるのは、子どもを育てる、あるいは子どもが育つ、ないし教育、そういう、いわば実務的な営みから見えてくる人間と、その「こころ」というものの位置、あり場所、はたらきの一面にふれるにとどまることをあらかじめ申し上げておきたい。

　ちょうど大学紛争の頃、わたくしは東京大学の附属中学・高等学校で教授兼校長を務めたことがあった。校長も授業を持つべきだと思い、イリーン・セガール著『人間の歴史』をテキストにして授業をした。その授業の過程で、ある子どもから、人間はなぜ二本足で立って歩くようになったのかと質問があった。『人間の歴史』は、ヒトが歩くようになるまでには、長い経過と経緯があったと述べている。しかし、端的に答えを書いてはいない。子どもたちには一週間くらい待ってくれということで、その答えを調べられるだけ調べてみた。

　ところが当時の状況のもとで、わたくしの納得できる答えが出てこない。人間は森の中に住んでいて、目の発達した動物で、サバンナに降りてきて背の高い植物の間を生きるのには高い姿勢をとることが必要だとか、イネ科の植物は高いところに実をつけるので、それを食べる必要から立ったとか、そういうふうなことは書いてあるが、それらは自分でも納得できるものではない。で、そのことを一週間経った後に、正直に、自分にも納得いかないのだが、これで勘弁してくれと、子どもたちに告白した。そのときに、ふとわたくしの頭の中に「わたしの答え」が浮かんだのである。そこでわたくしは子どもたちに言った。「人間が二本足で立って歩くようになったのはなぜか。それは人間がその気になったからだ」と。その答えに対して、反応は期待できないと思っていたところ、一人の子どもが立ち上がり「先生、人間はやる気になったんだなぁ〜」と感心したのである。このときの経験を後に振り返り、イリーンの言うとおり、課題を未来に託し、子どもたちの夢をはぐくんでいくのが教師の仕事だと再認識させられた。

のちにわたくしは山の中に入り込んでいって、歳をとられた農民の女性の方から、子育ちの習俗について勉強させてもらっていた。その地域では育つ、育てるという場合、〝ひとなる〟〝ひとなす〟という言葉が方言として使われていたのだが、その話をしている途中に、ハイハイの子どもが隣室から出てきた。そのときに〝ひとなる〟ことについて話していたおばあちゃんが「この子、その気になったら立ちますよ」と、こういうことを言ったのである。あー、やっぱり一般の庶民というか山の民も〝その気〟という言葉を使っているのだなと、わたくしはひどく感動したのだった。

ところがあるとき、今西錦司氏の人類の進化についてふれた文章を読んでいたところ、そこに人間がなぜ二本足で立って歩くかということが縷々書いてある。子どもたちに嘘を教えたのではないかと、ヒヤヒヤしながら読み続けていったのであるが、最後に今西氏の結論はこうであった。「人は立つべくして立った。」わたくしはそのとき、自分の方がもっと積極的だな、くらいに思ったのであった。ところで、その「立つべくして立った」という言葉を批判した方がいた。それは免疫の研究で高名な多田富雄氏で、「立つべくして立った」のでは何のことかわからないと批判され、今西説を排除されていたのである。

だが、わたくしは専門外であるが、多田氏自身の著作を読んでいると、氏の『生命の意味論』という本のなかで、免疫の機構は体内の異物を排除するわけであるから自我と関係することになるが、その免疫の研究から生命への特質にまで論究を進め、単に機械論だけで生命というものは説明しがたい、つまり生命はメカニズムに支えられている。ただし、たしかに支えられてはいるが、生命はメカニズムを超えて、自己をつくり出していく超システムであり、これが生命体であるということを述べている。つまり、わたくしの言葉でいえば、「あらゆる生命は自己創造力をもっている」ということになる。わずか〇・一ミリの小さな受精卵から心臓や脳ができたり、われわれヒトのようにものを言ったりするようになるわけであるから、この自己創造力ないし自己創出力、そういうものが実は人間を立たせたと考えるならば、「立つべくして立った」という今西氏一流の「主体的進化論」という観点からみても、両論はどこかでつながっているのではないか、別に排除しなくてもいいのではないだろうか。

自己創出力というとき、そこには環境との出会いということがあるから、不可測の可能性をもっているといえる。つまり、生命は数式か何かで結果を予測できるようなものではない、計りがたく複雑で、ダイナミックな超システムであって、不可測の可能性という超システムなのである。わたくしは、あらゆる生き物に内在する自己創出力に根をおいて、人間の〝その気〟というものも考えてみたらどうかと思ったのである。

〝その気〟という言葉は、日本の民衆が「匿名の思想」として創り上げてきたのである。そういう匿名の思想が創り出した〝その気〟という心の核心にかかわる言葉のもつコンセプトが、いったい現代の科学の言葉でどう表現したらよいのか、そう考えてみるのが、翻訳による学問用語をいきなり使用する前に、必要な手続きではないだろうか。

〝その気〟ということを現代風にいえば、漢字の合成語でいわないと学問用語にならないようであるが、さしあたり「選択意志」とか、さらに「選択感情」とか、あるいは「選択知」、ということになるであろう。そしてもっと深いところに「感性」がある。あらゆる動物のもっている感知力とでもいうべきものがあるのである。それは人間にも当てはまることであり、「驚きごころ」というようなものは、感知力だといえる。

わたくしが部屋でぱっと電気をつけると室内にいたゴキブリが一斉に動きを停止し、次の変化への対応にそなえている。これも、やはりするどい感知力であり、関係性のなかでの虫のひとつの選択的対応であろう。これは人間の選択とは多少違っており、人間は多肢選択的動物というか選択肢がとても多く、それに比べればゴキブリはより少ないのかもしれない。いずれにしても、やはり深いところでは感知力によって対応しているのではないだろうか。

〝その気〟は存外、一般の大衆の社会では大事にされており、たとえば子どもを教育するとき、なんとかその気になってもらいたい、また会社の社長も社員に対してなんとかその気になってもらいたい、などである。

しかし、「その気にさせることができるのか」ということは、教育にかかわる者の問題である。結論からいうと、外部から人をその気にさせるとか、その気にするとかということは、容易なる技ではないということである。本質的には不可能であろう。なぜかといえば、自己創出力、すなわちその子あるいはその社員がその気にならないかぎり、その選択は行われないのだから、どうしても外からではなく内発的なものに根拠をもっているということになるのではないか。内発的とは、人間の場合、典型的なのは「遊びごころ」であろう。〝遊び〟は非常に重要な自己創出力の人間的源泉だといえる。遊びのなかには、内面からごく自然に湧き出てくる自己創出力が活発に動いていて、そういうものを励ましてやることが〝ひとなる〟場合の要件ではないかと考えている。

先頃、カーナビゲーター付の自動車に乗せてもらって、出先からわが家に送り届けていただいたことがあった。家の近くまでたどり着くと、わたくしの方が近辺の道はよくわかっていて、「この裏道を行くと近いですよ」と、運転してくださっている人に告げた。ところが運転者がわたくしの選択の方向へハンドルを切ると、カーナビが「もどれ、もどれ」と指示するのである。当然のことだが、機械はあらかじめセットされたソフトに忠実に従っているわけで、融通がきかない。それに対して、人間の心は臨機応変に道を選ぶことができるのである。

とはいえ、わたくしたちの心は、実に〝気まぐれ〟で〝あいまい〟にできている。ときに選択をあやまり、ときに選択をためらう。その〝気まぐれ〟〝あいまいさ〟のなかに、人の心の特徴があるといえる。固定されておらず、やわらかくできているのである。そうであることが、〝超システム〟としてのあらゆる生命体のなかでも、ヒトは格別に多くの選択肢を駆使できる存在だといえるであろう。間違ったり、忘却したり、とまどったり、変心することも少なくない。そうした〝あいまいさ〟がヒトの心の本質であるからこそ、〝その気〟になっての選択が、二足直立歩行と結びつくほどに、きわだって浮き彫りとなって、自覚されるのかとも思う。

2 心のはたらきと子育ての条理

今泉吉晴氏が最近『動物記』で知られるE・T・シートンの伝記を出版された。その伝記のはじめに、シートンの自伝からの引用がある。シートンが幼いときのことである。

「お母さんは、私がじっとしていて欲しいとき、――ショールで私の身体を包んでベッドの背板に寄り掛からせてこう言いました。「あなたは木よ。木は動かないでしょ」と。すると私は木のつもりになってじっと座っていました。一時間以上もそれ以上もそうしていたのです。」

このアプローチの仕方は、幼いシートンの出番を提案して、〝その気〟になってもらうという生命の自然に基づいた、子育ての条理にそったものといえるのではないだろうか。

ここでシートンは、木という配役を背負う。木という役を獲得して、それこそまさにその木になりきっている。その気になってみごとに主役を演じるのである。そしてお母さんは脇で演出をしているのである。つまり、子育てはアートであり、演出なのである。「エデュケーション」を教育と訳したのは、たいへんな誤訳とはいわないが、エデュケーションにはあまり「教える」という意味はない。語源からすると、educo は to lead forth. draw out つまり「引き出す」、あるいは「育てる」という意味はあるが、教えるという意味はあらわではない。だから引き出すわけである。その子の自己創出力、成長力を励まして引き出す、ということになる。それをうまくやってのけた演出が、このシートンのお母さんだということができよう。すなわち子育てや教育が、子どもの成長力（生命の自己創出力に根づいた）を助けるアートであり、それにかかわる演出という「サービス」だと考えられるのである。

実は医療という行為もその人（患者）固有の治癒力を〝助ける〟サービスであるということは、医師たちの常識、すくなくとも慣行とまでになっていないけれど、本質的には高度な専門性を必要とするアートに違いはない。いうまでもなく、教育も医学と同じく高度な専門性の必要なアートである。京都大学基礎物理学研究所長の益川敏英氏の「教育は科学のドラマ性を全面に」という見出しの文章が朝日新聞の科学欄に掲載されていた。数学教育についても同じことがいえるのかと思った。

高度な文化を、教材を媒介にしながら、ドラマの関係のなかで人は育つのである。演出による関係のなかで出番をつくり出して〝その気〟になる、自己創出力が励まされていく。こういうふうな姿になるのが、教育・子育ての条理だとわたくしは考える。

人間という動物は人生を通じて、与えられた出番、あるいは獲得した出番においてある役を背負うのであるが、それは自分の中にないものではなく、すでに自分の中にあるものによって他の役をし、その中で自己実現をする、そういう屈折したかたちで自己を創出していくのである。つまり、他を介して自己を表現していくことができるのは人間の「こころ」だといえる。機械では難しいのではないだろうか。

そういうわけで、「こころ」はどこにあるかといえば、それはソフトとして外からインプットされ、一方的に教育で教えられて固定してあるものではなく、他者とのかかわりのなかにある。心は脳とか心臓とかにあるのではない。それらは器官であって、かかわりのなかではじめて心としてはたらくのだと考える。したがって、他者・物とのかかわりのなかで、こころは常に動く。そういうかたちで人間は自己創出をやっている。この意味で、〝その気〟というものは、その気になって配役を受けて自己創出力を社会的な場のなかで創出するということである。

自己創出力に根ざす〝その気〟というものを関係性の面からとらえ直してみると、「想像力＝イマジネーション」ということになるだろう。想像力とは、他者・物に想いをやる、あるいは想いをやり合う関係である。他者に想いをやることによって、それが自分に帰ってくる。そのように他と自分がひびきあって新しい自分を見出していく。こういう関係によって、人格というものは成り立つのではないだろうか。

person の語源にかかわる persona という語は、そのはたらきが「人間らしいもの」である場合、「人間らしい行為の基体」を意味するといわれる。この語はまた、ドラマ、芝居の舞台で用いる「仮面」をも意味する。それは役柄、ドラマが演出する主体としての人間、人格につながる。さらにこの語は、前置詞 per（…を通じて）と動詞 sono-sorare（音がひびく）の合成語であり、すなわち人 person はひびきあいのなかにある、と理解されてきたといわれる（本シリーズ第一巻第六章、井上英治論文参照）。

このひびきあいは、関係性のなかにおける〝その気〟、想像力によると前述した。想像力それ自体も実にフレキシブルな、いわば〝気まぐれ〟なものではあるが、〝その気〟をもってかかわりあって生きる人の想像力そのものの枯渇が、今日もっとも深刻な日本社会の問題と考えている。これは、一九八〇年代以来、われわれが警告しつづけてきた問題であり、この警告は、いわゆる「問題行動」として青少年の身をもっての発信から、われわれが教えられたことである。

なお、この論ではふれなかった「無意識」の問題が、こころを考える場合、取り上げる必要があるであろうことを付言しておきたい。無意識の世界の基底には、他の生命個体すべてに共通する「自己創出力」の原型が存在するのではないかと考えるからである。

第5章　心と人間性の基礎としての〝自然さ〟

――現代の若者の「心の闇」にふれて

尾関周二

二十一世紀の今日、やはり人々のもっとも大きい関心の一つは、「地球環境問題」という仕方で象徴される人間と自然の関係をめぐる問いかけであろう。今日の「地球環境問題」は、西欧近代に始まる社会の大変貌、すなわち、巨大都市化、工業化、資本主義的市場化等々の結果を集中的に象徴しているが、その自然破壊は、人間をとりまく自然環境の破壊にとどまらず、種々の仕方で人間の内的自然の破壊をも引き起こしているという視点が重要であろう。この問題はまさに人間自身が引き起こしたことが明白であるがゆえに、あらためて深刻に「人間とは何者か」と問われる所以である。ここでは、こういった「自然破壊」を引き起こしている近現代社会とその思想的文化的背景を念頭におきつつ、人間の「自然さ（ナチュラルさ）」という問題に焦点をあてて考えてみたいと思う。

現代は心の歪みや病理が広範に拡がっている、あるいはまた心の癒しを求めている時代といわれている。若者の突発的な凶悪犯罪から「心の闇」が指摘されるとともに、学校では『こころのノート』と称する冊子が全生徒に配布されたりもする。

「近代哲学の父」とされるデカルトによって、心は身体とはまったく無縁の実体であるとされて以来、心は自然的なものとは無縁の存在という通念が拡がっている。しかし、ある意味で、ヨーロッパ思想・文化の根幹にはキリスト教文化があるとされるが、その文化の主流的傾向においては、そもそも超自然的な志向を宿しているといえよう。しかし、ダーウィンとともに、人間存在もまた、進化の結果ということを承認するならば、心は自然とは無縁とはいえないようにも思われる。

この小論では、Ⅰ部で人間性の基礎と〝自然さ〟ということについて理論的に議論し、Ⅱ部では、それをふまえて現代の若者・子どもの「心の闇」と呼ばれる事態について考えてみたい。

Ⅰ　人間性と〝自然さ〟の理念

1　子どもの環境と〝自然さ〟の喪失

私は以前に人間と自然の共生、人間どうしの共生・共同ということを論じるなかで、現代の〝いじめ〟をめぐって、子どもの環境の背景に現代日本の社会環境、文化的精神的環境の問題性があることを指摘し、さらには自然環境との関連についてもふれたことがある。(1) そこでのポイントは、現代日本の子どもが他者や他の生命体への共感能力を喪失しつつあるのではないかということであった。これとの関係で、まずは問題意識を共有する小原秀雄の「人間における自然さ」への問いかけを取り上げたいと思う。小原は次のように述べている。

「人間にとって自然さを問うのは、人間の自然さ、あるいは人間のありかた（存在及び存在様式）が単純な自然なものではない、ということが前提である。とはいえ、それを問うのは人間が自然的存在そのものではなく、社会的文化的存在でありながら自然的な部分を内包しているからである。(2)」

ここで問われているのは、「社会的文化的存在でありながら自然的な部分を内包している」人間存在の〝自然さ〟ということである。したがって、こういった前提のもとに述べられた「人間における〝自然さ〟(ナチュラルさ)」の探求は、単純な「自然回帰」の議論とはレベルの違うものであることにまず注意すべきであろう。小原は人類の進化について、人間によって社会化された自然、人工的な生態系に再び人間が適応していく繰り返しのなかで、自らの形質までも変化させてきたと考え、これを「自己家畜化」と呼んできた。「自己家畜化」という名称は誤った連想をさせるので著者自身、別の表現である「自己人為淘汰」あるいは「社会化された自然における社会化」も用いている。要するにその言わんとするところは、人間と自然の関係が単に対置された二項の間の相互作用ではなく、人間自身が自然の一部でありながらも、人間自ら周囲の自然を社会化・人間化し、さらにその社会化された自然と相互作用するなかで自ら(形質を含めて)を変えていくという人間的自然の意識的・社会的あり方をも含んだ印象的な表現と考えればよいであろう。

さて、小原がこういった視点から「人間における〝自然さ〟」を問う背景には、高度消費社会、高度情報社会と呼ばれる現代社会がつくり出した「子どもにとっての環境」の問題性があるのである。

「現代社会において「自然さ」に関わる問題の一つで深刻さが増しているのは、子どもをめぐるものであろう。著者は機会を得て大田堯日本教育学会長(当時)と対談したが、子どもの生活特に遊び、しつけや健康などの基礎的な考え方に人間にとっての自然さ(その解明)が求められるのを実感した。人間形成をめぐる子どもの環境には、人間(ヒト)としての自然さが必要なのは自明でもあろう。その具体化は、広義の教育の営みに生かされるものであると思われるからである。(3)」

今日、とりわけ子どもにおいては「人間における自然さ」が鋭く問いかけられているといえよう。ここで探求される〝自然さ〟とは、人間の生物的存在をそのまま意味するのではなく、あくまでも、「正しさ」「良さ」「美しさ」のような真・善・美といったものと同様の理念的、価値的なものといえる。その意味で人類は、これまでの歴史で真・善・美や自由・平等・友愛といった理念・価値を発見し探求してきたが、現代においては「自然さ（ナチュラルさ）」という理念・価値・妥当性を新たに意識的に探求せねばならないという提言と私なりに読みとりたいと思う。「自然さ」などは、時や所や人によって千差万別、相対的なもので、とても探求に値する理念などとはいえないのではないかといわれるかもしれない。しかし、真・善・美もまたこれまで相対的なものではないのかという相対主義からの批判があり、その主張との緊張関係のなかで語られてきたのではなかろうか。

　そもそも「自然さ」を理念、価値として提起するといえば、大きな混乱、パラドックスと言われるかもしれない。理念や価値は、自然との対置で語られたのではなかったかというわけである。実は、「自然」を理念として掲げた有名な人物としてルソーをあげることができるのである。彼の「自然状態」は『人間不平等起源論』において自ら指摘していたようにまさに理念であり、規範であるのである。そして、当時の啓蒙主義者らによってルソーが異端と思われたのは、この〝自然〟の理解の相違であったと考えられる。また、「自然」と「理念」との分離・対立が哲学のなかに明確に持ち込まれたのは、哲学史的にはピュタゴラスの流れを引くプラトンであったといえよう。プラトンの「洞窟の比喩」によって印象的に示されたように、自然に対してイデアの世界こそ真実在だというイデア論こそ、哲学史におけるある種の画期をなす思想といえよう。アリストテレスは、プラトンのイデア論批判を前提に、自然に内在する「理念」ともいうべきものとして「形相」を対置したことはよく知られている。しかし、理念（イデア）が自然に優位するという見解自身は師のプラトンと同じであった。たしかに、ホワイトヘッドが言うように西洋哲学の主流的見解はプラトンによって定位されたといえる。その意味では、「自然」を理念として掲げたルソーが当時の哲学的盟友からも異端視されたのも当然といえよう。

　さて、小原が指摘しているように情報・消費環境が肥大化していくなかで〝自然さ〟の回復は、とりわけ

「子どもにとっての環境」を考えるうえで大きいといえよう。さきにふれたように、デカルトは、心身の二元論、精神と自然の二元論という考えを非常に明確な仕方で打ち出した。これは、近代市民社会と近代物理科学の前提になる人間観と自然観を基礎づけるには積極的意義をもったが、他面でさまざま難問（アポリア）を引き起こすことになった。人間観に関していえば、「われ思う、ゆえにわれあり（cogito, ergo, sum）」という言葉で知られるような理性的個人が、自立した社会のメンバーとして近代市民社会を構成するものとなった。また、アリストテレスの有機体的・目的論的自然観に代わって自然を大文字の〝機械〟とした機械論的自然観は、近代科学の代表とされる古典物理学を基礎づけた。

しかし、他面、個人の存在確証を自存した思考（実体）という内面的存在において強調したデカルトの人間観は、他の人間がロボットでなく、自らと同じ人間であることをいかにして主張しうるのかが難問となるいわゆる「他者問題」を引き起こした。現代の若者に関係して「コミュニケーション不全症候群」（中島梓）という言葉が大いに注目されたが、それは、少し大げさな言い方をすれば、デカルト由来の近代の問題の現象形態ともいえるかもしれないのである。

ところで、デカルトの二元論は同時にまた最初に指摘したように、一人の人間において身体はたんなる物質とされることによって、心と体（物質）が全く別ものとなり、両者はいかに関係しているのかという、いわゆる「心身問題」をも引き起こすことになる。心は実体化されることによって、身体との内在的つながりを喪失し、孤立化させられるのである。

さきの機械論的傾向は、デカルトが動物を〝自動機械〟と考えたのに端を発して、さらにラ・メトリは時計をモデルとして、心をも物質に還元して〝人間機械論〟を主張した。この近代に始まった機械論的傾向は生物学にも深く浸透し、生物学の有力な部門においては、現実の生物・生命もまた結局、ＤＮＡの情報機械だとされる。そして、認知科学の流れの中では、人間の思考もまた、「人工知能」としてのコンピュータと同じとする有力な潮流がある。「人工生命」が語られペットの代用としてもてはやされるような状況がある。「子どもにとっての環境」は物理的な意味に加えて、さらに情報的な意味において機械論的なものになり、いっそう自然の本源性から切り離されて、小原の言葉を借りれば「カプセル化」しつつあるといえる。それでは、現代において人間としての子どもの〝自然さ〟を回復していくには、より具体的には、どういう視点をもてばよいのであろう。

2 人間の主体性と〝農〟の再生

さて、ここで私は、小原の「人間における自然さ」への問いかけを今西錦司の「生物の主体性」の主張とかかわらせてみたい。結論的なことをあらかじめ言えば、小原の「自然さ」の回復の重要なポイントは、今西のいう生物の「主体性」との関連で、まずは人間の生物的存在としての主体性の回復ととらえてみてはどうかと思うのである。今西錦司は、サル学の研究を世界的にリードしたことで有名であるが、こういった先駆的な研究の背景には、ユニークな生物観、自然観があった。初期の名著『生物の世界』において生物の「主体性」をすでに強く主張していたが、これが、彼の生物観の大きな特徴といえるもので、近代以降、通常の理解では、「主体性」とはまさに理性をもった人間に固有なものとされるだけに、これは挑戦的ともいえる表現である。ここにまた、彼の生涯にわたる、生物や進化論についての機械論的理解への根底からの批判的意識が示されているのである。

「主体性こそは生物が生物としてこの世界に現れたはじめから生物に具わった性格であって、この主体性の陰にやがてこの中からわれわれにみるような意識とか精神とかというものの発達するべき源も潜んでい

た。」(4)

今西は、人間以外の生物もまた環境に一方的に規定され、正統派ダーウィニズムが言うように、機械論的に「自然淘汰」されるのではなく、環境にはたらきかける〝主体性〟をもつものと考える。そしてまた同時に、生物と環境を二元的に対置して考えるのでなく、環境は生物自身の「身体の延長」であり、逆に身体は「環境の延長」であり、もともとは一つのものが分化したという視点から統合的にとらえることを主張する。したがって、生物は環境から規定されているだけでなく、むしろ環境に主体的にかかわって、「環境の主体化」を実現しようとしていることに注目すべきなのである。ただ、今西にとって、生物の場合の「環境の主体化」とは、人間の場合の主体性の発揮とされる「自然の変革」といわれる事態と区別しておく必要があろう。生物は人間のようには自然を目的意識的に自由に改変することはできないからである。

今西が〝主体性〟ということで思い描いているのは、人間の立場での主体性ではなく、あくまでも生物の立場からする〝主体性〟なのである。この点は、デカルトにみられるように、西洋近代の人間・自然観においては、人間と自然とに関して、一方で機械論的自然観、他方で主体至上主義的な理性的人間観という仕方で、つまり、一方で自然からは一切の主体性の契機が抜き去られ、他方で精神としての人間には限りなく主体性が付与されるといった両極的な仕方でワンセットになって理解されていることを思い起こすと興味深いであろう。こういった人間と自然の二元論こそが生物固有の〝主体性〟を見えなくさせ、生物を自動機械としてとらえさせているものなのである。

デカルトの影響もあって、「主体性」といえば、能動的な自己意識性・目的意識性とただちに結びつけてしまうが、こういった生物の〝主体性〟をめぐる今西の議論は、人間において身体の独自性とのかかわりで主体性を考えるうえで、興味深いものがあろう。人間の主体性を考える場合でも生物的次元でのヒトの主体性もまた考えられねばならないと思われるからである。

今西が強調するこういった生物の〝主体性〟の思想は、以下に述べるように、現代における人間のあり方の問題性を考えるうえでも示唆するところが大きいように思われる。つまり、人間存在が、ヒトとしての生物を含んだものとしてとらえられるならば、さしあたり人間の場合には主体性は二重の位相でみられよう。つまり、一つは他の生物と共通する生物的存在者、つまりヒトとしての主体性であり、もう一つは、人間に固有な意味での意識的文化的存在者としての主体性である。後者の主体性は道具や言語を通じて、さらに近代以降は科学、さらには科学技術を通じて拡大強化されてきたといえよう。そして、現代に至って自然を社会化・人工化するにとどまらず、人間と自然との間に膨大な人工的世界を形成してきたといえる。この人工的世界の象徴が巨大都市である。このことは人間の主体性にどうかかわっているのであろう。

近代以降、人間は科学技術によって自然を改変・支配する点でそれ以前にない主体性を発揮してきたといえるが、巨大な人工的世界を構築することによって、逆に、各個体としては、今西が注目した生物的存在としての主体性を弱めていっているのではないかと危惧されるのである。いわゆる先進工業国では、今西の言葉でいう「環境の主体化」が人間以外の生物のように身体の直接的媒介によって行われることがほとんどなくなったからである。そして、人類がホモ・サピエンスとして誕生以来ほとんど身体的特徴が変化していないといわれるように、「主体の環境化」ということもほとんど停止しているかのようである。

しかし、これは「環境」を主に狭義の自然環境と理解した場合のことである。「環境」が非自然的環境、つまり社会的文化的環境、とりわけさきに指摘したような情報化の進展によって形成された「情報環境」を中心に考えるならば、「環境の主体化」と「主体の環境化」は、自然環境の場合と逆転の現象を呈しているかのようにもみられるのである。たとえば、この「環境」で主に情報環境をイメージしてみるならば、「環境の主体化」

どころか、環境に翻弄されるとともに、しばしば子どもたちの情報環境への適応の場合にみられるように、過剰な「主体の環境化」が起こっているといえよう。象徴的な言い方をすれば、情報メディアとのコミュニケーションははかることができるのに、現実の自然や他者とのコミュニケーションをはかることはできなくなってきつつあるかのようである。人間は機械文明のなかであまりに機械の「リズム」に合わせるうちに、人工カプセルの中で自らの生命のリズムを抑圧しつつあるのではないかと危惧されるのである。

つまりは、一般的に言えば、近代以降、人類の意識的文化的主体性の拡大・発揮によってつくり出された人工環境が逆に、個々の人間存在における生物的主体性の弱化・喪失をもたらしている面があるのではないかという点である。それはまた、工業労働や情報労働が、農耕・牧畜などの労働のように基本的に自然のリズムとの直接的な交互作用をもたないからである。もとより人間は文化なしには存在しえない以上、科学技術なども含む広義の文化のあり方の問題である。現在、脱近代という場合、それは文化のオルタナティヴが求められているのであり、その際に林業や水産業も含む広義の農業・農村のもつ意義の再考は不可欠といえよう。

この関連で興味深いのは、経済学者の宇沢弘文が「社会的共通資本」という視点から農業・農村をとらえねばならないと述べていることである。宇沢によれば、「社会的共通資本」とは、「一つの国ないし特定の地域に住むすべての人々が、ゆたかな経済生活を営み、すぐれた文化を展開し、人間的に魅力ある社会を持続的、安定的に維持することを可能にするような社会装置」を意味する。(5) 彼によれば、大きくみれば、日本の農政は新古典派経済学の立場から農業を「市場的効率性」という視点からもっぱらみることによって、結果的に農業・農村破壊に手を貸してきたという。しかし、農業は、一つの産業としての観点から眺めるのでなく、より広く、「農の営み」という人間本来のあり方にかかわるものとしてとらえねばならないとする。

「農の営みは人類の歴史とともに古い、というよりは、人類を特徴づけるものとして農の意味づけが存在するといってもよい。このような意味における農業は、自然と直接に関わりをもちつつ、自然の論理にしたがって、自然と共存しながら、私たちが生存してゆくために欠くことのできない食糧を生産し、衣料、住居をつくるために必要な原材料を供給するという機能を果たしてきた。いうまでもなく農業は、その生産過程で、自然と共存しながら、それに人工的な改変を加えて、生産活動を行うが、工業部門とは異なって、大規模な自然破壊をともなうこともなく、自然に生存する生物との直接的な関わりを通じて、このような生産がなされるという点に農業の基本的特徴を見出すことができる。しかも、農業に従事するとき、おおむね、各人それぞれの主体的意志にもとづいて、生産計画をたて、実行に移すことができる。(6)」

そしてそのような農の営みがなされる場である農村を「社会的共通資本」としてとらえねばならないとし、それはまさに人間のあり方にかかわるとして、個人的経験も交えて次のように興味深いことを述べる。少し長いが私がこの小論で述べたいことに深くかかわる点なので、引用しておこう。

「一つの国がたんに経済的な観点だけでなく、社会的、文化的な観点からも、安定的な発展を遂げるためには、農村の規模がある程度安定的な水準に維持されることが不可欠である。このことは、これまでの農業の特性について述べてきたことから容易に推論することができよう。とくに、一国の社会的、文化的水準を高く維持しつづけるためには、農業で生まれ育った若者の人数が常にある一定の水準にあって、都市で生まれ育った若者と絶えず接触することによって、すぐれた文化的、人間的条件をつくりだすことは必要である。

個人的経験になってしまうが、私は旧制一高で三年間の寮生活をおくった。そこではじめて、農村出身の友人を多く知って、人格形成の過程で大きな影響を受けた。当時、旧制高校では、比較的農村出身の生徒の比率が高かったが、一高も例外ではなかった。それまで都会の小学校、中学校で偏った性向の友人たちの間で育った私にとって、農村出身の友人たちの多くがもっていた大らかな人間性、たくましい生き方、そしてことがらの本質を鋭く見抜いていく知性に、ほとんど衝撃に近い印象を受けたことはいまでも鮮明な記憶として残っている。私自身研究者としての道をえらんだわけであるが、私に研究者としてなんらかのものがあるとすれば、その人格的基礎は、旧制高校のころ、農村出身の友人から受けた、この清冽な影響にあるように思われてならない。(7)」

私自身の経験からも上述の宇沢の言葉を共感とともに同意することができるが、まさに、ここで述べられていることは、農村という場は、人間の生物的主体性を喪失させることなく、それを含んだうえでの人間の主体性発揮の原点であるということである。

その意味では、人間の〝自然さ〟の回復という点で、農の再生こそ最重要の課題といえよう。宇沢は、農業が若者にとって魅力的なものにならねばならないとして、この視点から因習的な農村社会の克服とともに、日本の農政によって農村破壊を推し進めることになった農業の資本主義化を厳しく批判し、新たなコモンズの視点から農村の新たな構想を提案しているが、ここではそれは割愛しよう。われわれにとって人間存在の〝自然さ〟の回復にとって農の再生は深く関係した重要な課題であることが確認できればここではよいであろう。一言注意をしておけば、農の再生は都市文化を否定することを意味しない。巨大都市化と農村の解体という現状を克服し、農村と都市の文化的共生を実現するために必要なのである。

3　人間の〝自然さ〟とコミュニケーション欲求

ところで、ここでもう一つ人間の生物的主体性を理解するうえで注意すべきは、他の動物と違って個体単独の主体性というよりも、人間の場合には生物次元においてすでに〝相互主体性〟という性格をもっていることである。主体性というとどうしてもデカルト的な個的主体性のイメージが背景にあるからである。この点は、「哲学的人間学」を提唱したアーノルト・ゲーレンらによる、人間とは〝本能退化〟した「欠陥動物」である、という議論と関係しているので、それに少し言及しながらふれておこう。〝本能退化〟が「欠陥動物」としての人間と結びつけて語られる場合、しばしば生物学者ルイ・ボルクのネオテニー（幼態成熟）説や、生理学者アドルフ・ポルトマンの人間の「生物的早産説」が、引き合いに出されるが、これらは、はたして人間の「欠陥」や「不完全さ」を示しているのであろうか。むしろこれらは、動物にはない人間固有の〝社会性・共同性〟がいかに根底的に人間にそなわっているかを、逆に示しているのではなかろうか。私見によれば、それは人間が本性上「欠陥動物」であるというより、むしろ本性上〝社会的・共同的動物〟であることを示していると思われるのである。たとえば、この点は、人間の赤ん坊が動物としての行動能力の点では無力なので、あたかも「早産」の状態で生まれてくるようにみえるが、しかし同時にその赤ん坊はたとえば〝ほほえみ〟にみられるような「コミュニケーション能力」、「コミュニケーション欲求」ともいうべきものを「生得的に」もって生まれてき、それらによって、母親との深い結びつき（個人における〝社会性・共同性〟の最初の発現）をつくり上げる、という事実も、また見逃すことはできないのである。

人間以外のサルをはじめとする哺乳類が生まれてすぐに歩行するなど、かなりの程度個体として「主体的」な行動をすることができるのに対して、人間の赤子は、その意味での生物的主体性がきわめて低いといえるかもしれない。しかし、人間の生物的主体性はまずは、母親など「重要な他者」（ミード）とのコミュニケーション関係・相互活動を実現することにおいて存在するのであって、その意味で本源的に〝相互主体性〟といえるのである。つまり、生まれてすぐ歩くといった類の主体性は発揮できないが、〝ほほえむ〟ことによって親密なコミュニケーションをつくり出す生物的主体性をもっているのである。この原初的なコミュニケーションこそが人間の自然的存在に社会的文化的存在性を浸透させるものなのである。この意味で、身体的コミュニケーションは人間の社会的文化的存在者としての〝自然さ〟にとってきわめて重要な位置をもつものといえよう。つまり、人間という動物は、その〝自然さ〟は、コミュニケーション的な相互活動においてさえ深い意味があるのである。したがって、人間の行動的な身体活動や知覚能力のアスペクトでの〝自然さ〟を問題にするだけでなく（もちろん、このこと自身も子どもについての種々の統計的資料から今日重大な事態がうかがえるのであるが）、文化的精神的な高度のコミュニケーションの基底にあるようなコミュニケーション欲求・能力の〝自然さ〟もまた問題にする必要があるといえるのである。

現代社会においてこそ、人間にとっての〝自然さ〟とかかわって重要なコミュニケーション欲求やコミュニケーション能力が大きく抑圧・歪められているという点で、以下少し簡単にふれたいと思う。

高度成長以降の資本主義のいっそうの発達による外延的内包的に全面的な商品化と孤立化のなかで、他の人間への共同性欲求、コミュニケーション欲求に代わって、商品というモノへの欲求や支配・管理欲求が肥大化してくるのである。孤立化のなかで、人間に本源的なコミュニケーション欲求は潜在的にはいっそう強められるにもかかわらず、激しい競争社会は人間不信を強化し、共同性が解体される中で、他の人間との直接的関係におけるコミュニケーション欲求の充足はきわめて困難な状況となる。こういった状況がこの欲求充足の代替を求め、また、コマーシャリズムによる欲求開発と連動して恒常的な欲求不満を引き起こし、商品というモノへの欲求が、さらに貨幣欲求がいっそう肥大化していくことになる。そして、社会の過剰な商品依存がさらに進行していくのを促すのである。

こういった商品依存型社会、それを支える大量生産、大量消費のシステムが、さまざまなレベル・位相で自然破壊を引き起こしていることはあらためていうまでもないであろう。また、いわゆる風俗産業に見られるように、しばしばコミュニケーション欲求の充足そのものが商品化され（マルクスの言葉でいえば、人間の心情の商品化）、その歪められた形態において、人間性の破壊をも引き起こしているといえよう。現代日本社会における全般的なコミュニケーション欲求の抑圧は、続くⅡ部でみるように、若者や子どもにその深刻な影響が現われつつあるようにみられる。

したがって、過剰な商品依存型社会が、外的自然のみならず、内的自然の破壊を引き起こしている以上、そういった商品依存型社会からの脱出という問題意識は、人間存在の〝自然さ〟の探求の問題意識と深く結びついてくることが理解できよう。

Ⅱ　現代日本の若者・子どもと「心の闇」

1　二つの「心の闇」

「現代の若者・子どもの心の闇」ということでまず連想するのは、現在、特別な境遇というのでなく、まったく普通の若者、子どもが突然行う凶悪犯罪が増えており、いろいろと人々を驚かせていることである。

神戸のサカキバラを名乗った少年Aから始まって、ここ数年来のいくつかの深刻な事件を思い起こすが、二〇〇三年一〇月には、千葉で借金を重ねるために偽装結婚をした二二歳の「夫」なる青年が一六歳の「妻」を墓場で仲間と一緒に集団で乱打して、「妻」が「夫」の名前を呼び叫んでいるなか乱打を続け、挙げ句の果てに焼き殺すという非常に無惨な、悲惨な事件を思い起こされる方もあろう。さらに一八歳の大学生が母親を殺し、父親と弟に大怪我をさせ、恋仲の一六歳の女子高生も同じように家族を殺すためにナイフを持っていたという非常にショッキングな事件もあった。この類の事件は、最近では一週間に一件ずつくらい起こってわれわれを驚かせている。これらは、ある意味で人間の「心の闇」が、若者において象徴的に現われているとしばしばいわれている。

しかし他方で、少し時代を遡ると、尾崎紅葉の短編小説に『心の闇』という題の作品があるが、宿の主人の娘に恋心を抱く若い盲人のこころのありようを描いている。あるいはまた、夏目漱石のよく知られた『こころ』という作品があるが、これらは現代の若者の「心の闇」と称されるものとはずいぶん趣の違いを感じさせるものである。夏目漱石の『こころ』は、漱石自身が自分なりにこころの複雑さをとらえようとし、人間の悪というようなものを含めて深くこころの闇を浮かび上がらせようとしている。これらを読むと人間の心における闇は、ある意味で深い、多面的な意味をもっている心の〝奥行き〟を感じさせる。そういうものを思い起こすと、最近の若者の心は、「キレル」「ムカツク」という言葉で象徴されるように、ある意味で非常に〝奥行き〟のなさを感じさせる。そういう意味では同じ「心の闇」といっても性格が違うのではないか、と感じられる。そして、こういった小説がいつの時代にも通じる人間の普遍的な心の問題に迫っている面があることを考えるとき、現代の「心の闇」といわれるものは現代の「社会の闇」をより強く反射しており、現代の社会問題が複雑なかたちで心に反映して、「心の闇」を形づくっているのではないかと思われてくる。したがって、今日の突発的な凶悪犯罪とされるものも、現代的な陰湿な〝いじめ〟や「コミュニケーション症候群」として問題にされた拒食症などの現象とひとつながりにある心の現象としてとらえられるのではないかと思う。そういった視点から、現代における若者に象徴される「心の闇」の背景を少し考えてみたい。

２　個性と共感

さて、その前に少し回り道をして「個性と共感の喪失」ということについてふれておきたい。ベストセラーの『バカの壁』という養老孟司の本を読んでいて引っかかった点がある。

この『バカの壁』という本自体にも「壁」というものがあるのではないか、と思われた点である。著者が本のなかの「個性を伸ばせという欺瞞」という見出しで、これまでの教育に対し、個性を伸ばせということをもっぱら言ってきたことが問題で、それよりも親の気持ちだとか、あるいは友だちの気持ちとか、相手の気持ちをわかるようになれと言うべきであったのではないか、と述べている。「個性を伸ばせ、伸ばせ」といってきたことが、現代の教育問題の背景にあるのではないかということを強調しているのである。たしかに私も相手に共感するということが現代の若者には欠けておりその点をこれまで指摘してきたこともあり、したがってそれを強調することは重要だと思うが、個性を伸ばすということと、相手に共感することが対立するような言い方をしているところが、私としてはたいへん気になるのである。というのは、「個性」というものについて、養老は「他と違うもの、とにかく他の人と違ったことをする」というイメージをもっているようである。だからとにかく他のものと違ったものになれと一生懸命教えると、そのことがかえって相手の気持ちを推し量る、共感することをなくしてしまうといった言い方をしている。（ただし、ブランド品を身に付けるとか、商品の所有によって他の人と差をつけることが今日の消費社会では「個性化」と語られる場合が多いし、「競争の中で個性は輝く」などというスローガンが政府の審議会の答申で強調されているので、そういう意味での「個性化」は実際は大きな意味では結局「画一化」に帰結するのであって、その点での反発があるのかもしれないが。）

しかしながら、ここには「個性」の理解についての著者にとっての「壁」があるように思われる。これでは産湯とともに赤子を流すということになりかねないであろう。私は、個性を伸ばすというのは、その人その人それぞれの持ち味、各人の身体的、精神的に固有な潜在的可能性を発揮させ、この発揮に対するいろいろな意味での抑圧や制約をなくすことだと思う。そういう意味で、個性化は相手への共感と必ずしも対立するものではない。個性とは、自己表現であるが、なんでもとにかく他と違った表現をすればいいということではなく、個性的として表現されたものには、周囲が認めるある種の妥当性があるわけで、やはり他者による承認や共感（批判の契機も含んで）を通じて形成されるものであろう。したがって、個性を発揮し、個性的であることと、他の人の承認なり共感なりは、ともに深くかかわっていると考えるべきではないか。真に個性的であるとは、結局は、他者の深い共感を呼ぶものであろうし、また他者への共感しうる力がその人の個性を彫りの深いものにするといえる。

だから私は養老の、必要なのは〝個性ではなく共感だ〟という言い方は、誤解を招く一面的な表現だと思う。もともと他者への共感においては、個性の土台ともいえる、自分なりの自己尊重感というものがあるのではないだろうか。「自尊心」というと誤解が生じるかもしれないので、「自己尊重感」という表現をしたいが、自分が存在する、自分が生きているという、その事実に充実感をもてる、そういう自己尊重感のようなものがもてない、失われているとき、他者への共感も本当にはもてないのではないだろうか。

そして、若者や子どものこうした自己尊重感の喪失が、今日の凶悪犯罪と非常に深くつながっているのではないかと思う。そういう、自己尊重感の喪失は、今日のいろいろな意味での激しい競争社会のなかにおいて起こってきているのである。個々人の価値を計る物差しが常に競争社会の価値尺度によって行われる、その人の個性につながるその人自身のありのままの価値が受け入れられず、常に外部から消費社会・競争社会にとって有用な価値が尺度としてあてがわれる、そういうなかで、そういった価値をもたない子どもや若者は自己蔑視、自己無意味化の意識をもたざるをえないところがあるのではないか。こうして、他者への攻撃的な憎悪とか、あるいはオウム事件を思い出すまでもなくさまざまなカルト集団に入っていくことによって自己の存在理由をつかみ、自己喪失感を埋めようとする。したがって、凶悪犯罪やカルト集団、あるいはまた陰湿な〝いじめ〟や拒食症などの諸現象はともに若者の現代的問題として話題になっているわけだが、やはりそれらの根底には共通する現代社会の問題性が反映しているのではないかと私は考える。このような現代社会のあり方を大きく人類史さらには生物の流れに関連させてみるならば、小原秀雄著『親と子の動物行動学』は興味深い本である。小原は個性の重要性を指摘し、哺乳動物の個体性から人間の個性への展開ということで、人間の個性の発揮の大きな生物学的な背景を述べている。そういう脈絡からしても、個性とは、近代以降とくに強調されたとはいえ、人間にとって、自己尊重感と深くかかわって生物学的な基礎をもつものであるといえる。

また、最近私は、ノーベル文学賞を受賞したクッツェーという小説家の小説がメインの『動物のいのち』(大月書店)という本を共訳した。その本にはまた、霊長類学者のバーバラ・スマッツの個性あふれる動物たちとのやりとりを描いた興味深いエッセーがおさめられている。動物との関係を人間だけが獲得した理性などの高度の能力を尺度にして見るのではなく、「充足した存在」という人間も含めた動物に共通の視点から見ることを強調し、動物にとっての存在感が「喜び」であるとし、さらに「充足した存在」が、個性や共感と関係があるものとしている。私は、こういった議論はさきほどの自己尊重感の問題と深くつながっていると思う。自己尊重感の土台には、動物に共通するこういった「充足した存在」があるのではなかろうか。

昔は、子どもたちは地域の自然の中での多様な集団的な遊びのなかで、勉学やテレビゲーム以外の今日では失われた個性発揮の多くの可能性をもっていたといえよう。この点からすると、現代の子どもの不幸は、彼らの日常生活が自然の本源性から切り離されていることによって、個性を自然や仲間との関係を通じて実現する潜在的可能性の大きな部分が失われていることにあると考えられる。

③ 人間存在の三つの本源的価値

さて、これまで述べてきたことを価値論的な視点から深めてみたい。人類史のなかで積み重ねられてきた価値とは何か。きわめて大ざっぱに言って、〝生命価値〟、〝共同性価値〟、〝個性価値〟の三つをあげたいと思う。非常に基本的な価値として、人類はあらゆる生命に内在する生命価値を基礎にこれらの人間性価値を顕在化しつつ重層的に積み重ね、規範や道徳的信条に具体化してきたといえるのではないだろうか。人間はまず死を意識することによって、生命価値を自覚したといえる。さらに、人間が霊長類の仲間から労働と言語によるホミニゼーションを通じて〝共同性価値〟を顕在化してきたわけである。アリストテレスは、人間は共同的な動物、社会的動物（ゾオン・ポリティコン）であると言ったが、霊長類の集団的な営みに根ざしながらも質的に違う、人間にとっての〝共同性〟の価値を強調したのである。また、〝個性価値〟という点でいえば、四〇〇年前にヨーロッパに始まった近代化は「個人の尊厳」「個人主義」という言い方で〝個性価値〟をかつて人類史において経験しなかったようなスケールで強調した。ある意味ではかなり極端な強調もあり、まず個人があって、社会は彼らの契約からつくられたものだという社会契約論に見られるように、〝個性価値〟の強調が、人間の本源的な〝共同性価値〟を見失わせるような傾向もあったと思う。近代という時代は今日さまざまな視点から批判されているが、ただしかし個々人のかけがえのなさを民衆レベルでも確立していく、それを基礎にした個性の重視、こういった人権思想へとつながっていく〝個性価値〟の顕在化の面はわれわれが守り継承していくものであると思う。そういう人類史の基本的な価値の顕在化と積み重なりにおいて人類の歴史に発展をみたいと私個人は考えている。

ところでまた他面で、近代においては、農業社会から工業社会へ移り、同時に資本主義社会が形成されるなかで、もうひとつ大きな価値として〝貨幣価値〟が広く鋭く顕在化してきた。近代以降、自然や人間も含めて、あらゆるものが商品化されていくことで近代が特徴づけられることを強調し、「自然と人間の商品化」の時代と特徴づけたカール・ポランニーという経済人類学者がいる。近代以降、人類史のなかで積み重ねられてきた生命価値、共同性価値、個性価値という人間性を形成する価値のトライアングルに対し、近代以降、貨幣価値が大きなウエイトを占め、優位になってきている現実があるのである。マルクスの言葉を使えば、「貨幣の物神崇拝」ということである。このことが、これまで述べてきた自己尊重感の喪失を含めて、いろいろな意味での人間疎外、生命疎外を引き起こしている、ひとつの重大な背景なのではないかと思う。今日の現代社会において、臓器移植、人工授精などで、人間の身体、生命が商品として売り買いされる、あるいは、援助交際などにみられるような人間の身体と一体の心情、精神が売り買いされる点が問題として大きく議論されている。しかし、このことは、ある意味では最近始まったことではなく、マルクスは、比較的若い頃の『ミル評註』というあまり知られていない評論があるが、その一節で、すでにこういうふうに書いている。

「信用関係の内部では貨幣が人間において使用されるのではなく人間それ自体が貨幣に転化していく。言い換えれば貨幣が人間と合体しているのだ。人間的個性、人間の道徳が、それ自体、売買物品となるとともに、そのうちに貨幣が実存する材料にもなっている。」

これは、資本主義が発達していくなかで、銀行取引など信用制度が大きな比重を占めていく現実を資本主義が人間化されていく過程としてとらえる当時の論者に対して、まったく逆で、人間が貨幣化されていく過程なのだという議論の脈絡で語られたものである。いまさらマルクスなどもはや「社会主義」が崩壊した現代において顧みる余地があるのかと言われるむきもあるかもしれない、またたしかにマルクスにも時代の制約や古いところもあるが、しかし、マルクスが研究した資本主義は現代においても依然としてわれわれの社会の基軸になっている以上、彼のたとえばこういった人間の心情それ自身が貨幣との関係においてどう変わっていくかという洞察は、さきほどから述べている拝金主義等とかかわらせると、あらためて読み直してみる必要があるのではないだろうか。

要するに、近代以降、一方では人間性を構成する三つの基本価値が開花する可能性が開かれるとともに、同時に貨幣価値の急速な拡大・威力がそれらに対抗して、逆にその可能性を押しつぶしつつ、拝金主義、競争主義、消費主義が市場原理主義のもと、三位一体的にもたらされつつあるのではないかということである。ちなみに、「自然さ（ナチュラル）」の理念は、抽象的にいえば、生命価値を基礎にして、共同性価値、個性価値の重層的な調和関係において成立するものといえよう。

さて、最初にふれた現代とそれ以前の二つの「心の闇」の違いは、三つの人間性価値に加えて貨幣価値が前面に出てきたことによる面もあるのではないかと思われる。小説にみられたような「心の闇」は、主に三つの人間性価値の間での葛藤が大きな意味をもっているように思われるのに対して、現代の「心の闇」は、貨幣価値の威力によってそれらの価値の葛藤が見えにくくさせられている面もあるように思われる。「キレル」「ムカツク」は、そのことを象徴しているようにも思われる。

ところで、こういったことと関連してとりわけ危惧されるのは、最近の若い知識人における批判的精神の欠如、現状肯定主義である。たとえば一九六〇年代生まれの経済学者西部忠の言葉をあげよう。

「いずれにせよ、資本主義は、万人が投資家になることを、あるいは少なくとも投資家の意識で行為することを推奨するような「自由投資主義」へと向かっている。これがいかに非人間的に見えようとも、これが現在の事態の推移の行く末なのである。」

こういうことを平然と述べている。いかに非人間的に思おうとも、これは仕方ないのだ、すべての人が投資家の精神によって行動することが定められているのだと。アダム・スミスがそれこそ資本主義の最初期に近代社会を「コマーシャル・ソサエティ」と言ったときに、人間の定義として、周知のとおり人間とは「ホモ・エコノミクス」(経済人)であると述べていた。西部は商品の交換という意味での「経済人」どころか、すべての人が「投資家」になって、いかに儲けるかということで行動しなければいけないのだ、これが現実なのだということを平然と言ってのける、そういう状況がある。やはり、市場社会、市場経済がそもそも人間存在にとってどういう意味があるのかということを、経済学者ならば現代の諸矛盾を直視してあらためて深く考える必要があるのではないだろうか。

4 構造的暴力と「心の闇」

このように市場原理主義にともなう先の三位一体によって、現代社会の構造がつくられているわけであるが、それに関連して、「構造的暴力」について述べたい。「構造的暴力」とはノルウェーのヨハン・ガルトゥングという人の造語で、彼はそれによって現代社会の深刻な問題性を解明しようとしたのである。構造的暴力とは、「直接的暴力」に対し、社会構造によって恒常的にもたらされる暴力という点で特徴があるという。競争主義、拝金主義、消費主義などによって特徴づけられるような現代社会の構造的なあり方それ自体が、そこにおける若者なり子どもなりに暴力を与えているのだというのである。したがって、さきほどから述べているような凶悪犯罪を犯す若者たちも、実はそういう構造的暴力の被害者ではないかという視点である。凶悪な直接的暴力をパーソナルに犯す若者自身が実は、社会の構造的暴力によって不断に痛めつけられていたのではないかということである。これは、ある意味では「暴力の連鎖」ともいえる事態である。若者や子どもたちの得体の知れない凶悪なパーソナルな直接的な暴力の爆発は、社会構造に由来するような構造的暴力の連鎖のなかにあるのではないだろうか、ということである。それを断ち切るにはどうしたらいいか。さきに私は個性を個々人のもつ身体的、精神的に固有な潜在的可能性の発揮にあると述べたが、構造的暴力はこの潜在的可能性を抑圧し、破壊しているのではないか、そして、子どもたちが自然の本源性から切り離されていることも現代社会がもたらした構造的暴力の重要な一つと考えるべきではなかろうか。これらが現代の「心の闇」に反射しているのではないかと思われるのである。

社会の構造的暴力に目を向ける代わりに、若者や子どもへの精神療法が必要だとか、道徳教育がなってない、あるいは刑法を厳しくすべきだと声高に言われているが、それが賢明なやり方なのであろうか。あるいは逆に、現代的な暴力性の発生のもともとの源である社会構造を変える方向で考えるのが賢明なやり方なのか、そこの基本をどう考えるかが非常に重要な点ではないかと思う。新自由主義が支配的になって以降、さまざまな面で「自己責任」を強調する風潮と相俟って、社会環境や社会構造が個々人の行動や性格にもたらす問題性をみる視点が希薄化している。しかし、現在の普通の子どもや若者が突然キレルといった現象の延長として生じる凶悪犯罪は、社会構造に由来する構造暴力の視点のなかでとらえる必要があるのではないかと思う。

ところが、さきにふれたように、現在、文科省などにおいてはそれに対して、「道徳心」が足りないということで対応する傾向が強まってきている。「心の教育」が必要であり、心理学者などの協力を得て、道徳教育を強めようということで、『心のノート』なるものを学校で一斉配付してそれを行おうとしている。柴田義松も警鐘を鳴らしているとおり、これはある意味で、たいへん異常なことである。これまで教科書の場合なら、いろいろ問題があるにしろ、検定なり、都道府県のいろいろなレベルでの議論を経て採択されるというプロセスがあった。ところが『心のノート』は、文科省から生徒全員に一斉配付されている。これは見方によっては、中身はともかく形式は戦前の教育勅語とどこが違うのかという疑問が出てもおかしくないのである。現実の構造的暴力の源泉に手をつけずに、子どもたちに対して「心の教育」として、明るい、輝かしい道徳的な心をもつように繰り返し言っているが、しかし、これは、子ども自身の心をいっそう屈折させ複雑にし、「心の闇」をますます深めていくのではないか。自然の本源性から切り離しつつ、競争主義、消費主義、拝金主義といった風潮をあおる現代日本の社会構造をそのままにしておいて、それに対し、なんらかの批判的な精神を育成する見地を放棄して、ひたすら問題を道徳的なこととして語るのは、子どもの心の分裂・矛盾をいっそう深刻にするのではないだろうか。いまの現実の社会構造から不断に発せられるアピール、たとえ友でも他人を信ずるな、他人を敵と思え、という方向と、他方では、他人を信頼し、他人のために尽くしなさいという権力を背景にした「心の教育」といったアンビバレントななかでは、真面目なよく考える子どもにほど、心の分裂、さらには人格障害などが起こってくるのではないか。あるいはまた、おそらく大勢は自分の「心の闇」に目を向けることなく、「心のノート」というプログラムによってセットされた、奥行きのない心になっていくのではないだろうかと危惧される。つまり、最近の子どもは文学作品などを読まないから、情報化のなかでの知識の断片化という問題性と連動するようなかたちで深刻化していっているように思われる。いまの若者における「キレル」ことによって突発的に引き起こされる凶悪犯罪こそ真に「心の闇」に向き合うことができないことから起こっているのではないだろうか。

5　分岐点としての二十一世紀

このことと関係して『心のノート』のもうひとつの危険性は、それがいわゆる「ナショナリズム」の復活という問題と連動していることである。孤立化の中で強められた共同性欲求のはけ口として「ナショナリズム」という水路がつくられようとしていることである。最近読んで非常におもしろいと思った本に、香山リカ著『プチ・ナショナリズム症候群』がある。著者は国際的なサッカー大会等の応援で、小旗を振って「日本大好き」と叫ぶ若者が増えてきている、非常に屈託なく無邪気に「日本大好き」と言うけれど、これはいろいろな方向に向かう可能性があるのではないかという、興味深い考察をしている。いずれにせよ、最近は、「国民の道徳」や「国民の歴史」ということが語られるなかで、ある種の国家主義的な「ナショナリズム」の傾向が強まっていっている。とりわけ、その背景には、中曽根首相以来と思うが、グローバルな競争に勝ち抜く強い国家をつくるために愛国心をもった国民づくりが提唱されているが、それに対応する人間観の強調・道徳教育ということが一貫して言われてきている。『心のノート』を、その延長として位置づけようとする意図がみえているところもあるのではないだろうか。戦前のナショナリズムに近い価値観によって国家のあり方を再構築しようとする勢力に対しては、平和や環境に国際的なイニシアティブを発揮しうる他国に尊敬される国家を担う国民として若者なり子どもをどう育成していくかという視点がむしろ、子どもの心のありようにとっては重要なのではないだろうか。

最後に二十一世紀は「絶望と希望の時代」という点に少しふれたいと思う。四〇〇万年の人類史のなかで、たかだかヨーロッパ近代が始まって四〇〇年くらいの間に人間の生活、あり方が激変したことを深く認識する必要があると思う。哲学者のヘーゲルは人類史のなかで近代を「分裂の時代」と呼んで、近代という時代の問題性を最初に指摘した。近代は、ヒューマニズムや合理的精神、巨大な富や便利さを生み出したわけであるが、「人間と人間の分裂」、「個と共同体の分裂」あるいは「人間と人間がつくり出したものとの分裂」、さらにはまた、「こころとからだの分裂」、「人間と自然との分裂」というように、さまざまな分裂をもたらしたことを指摘した。つまり、さきの私なりの言葉で価値論的にいえば、人間性価値と貨幣価値の大きな根本的対立、さらに人間性の基本的価値である生命価値、共同性価値、個性価値の間の分裂・対立である。ヘーゲルはとくに個性価値と共同性価値の対立に注目して、彼なりに「世界精神」やそれを体現する「国家共同体」というようなものによってその分裂を克服しようとした。しかし、ヘーゲル以降、現代になって分裂はいっそう深まり、孤立化の時代という時代の様相を呈していくのである。今日、人間性価値の間の対立以上に、貨幣価値が人間性価値全体を圧倒しているといわざるをえない。そのなかで、人々は翻弄され、現代の「心の闇」＝「社会の闇」が深まっている。今日の若者の凶悪犯罪のなかに時代の〝絶望〟が現われているのではないだろうか。

しかし、ヘーゲルは彼の観念論のゆえに問題解決にある種の哲学的こじつけに頼ってしまい、さらに悪いことに人間にとっての自然の本源性を見失ってしまったのだが、それでも〝分裂〟〝矛盾〟の段階は、人間がその叡智によっていっそう大きく発展していくための過渡的段階であるとする〝弁証法〟という深い考えを提起した。この弁証法という思想は、われわれに勇気と希望を与えるものだと思う。闇や分裂、矛盾の深さは、それを克服するいっそう高い叡智と共同的実践を生み出すということである。

こういった視点からすると、たとえば人間性のさまざまな発揮を課題としたＮＧＯ、ＮＰＯというような新たな市民活動や各種ボランティアに積極的に参加していく若者の姿は、現代における希望といえよう。そして環境問題は、これもきわめて深刻な問題として、人間と自然の新しいかかわり方を提起しているととらえられよう。したがって非常に大きな人類の存亡にかかわる問題であるがゆえに、逆に近代以降の人間と自然のあり方を根本から革新していく方向を提起しているというふうにも考えられる。

そして、国際的な競争に勝ち抜く強い国家とその人材の養成ということではなしに、アジアと西欧の複眼的視点から近代の諸問題をもっともよく見ることができる立場に立ちうる日本が、現代の深刻な問題解決にイニシアティブをとりうる国家となり、その方向への使命感に若者や子どもたちを向けることが、ある種の光や希望をもたらすことになるのではないかと思う。

注

（1）尾関周二『現代コミュニケーションと共生・共同』青木書店、一九九六年、および『環境と情報の人間学』青木書店、二〇〇〇年参照。
（2）小原秀雄「人間における「自然さ」を求めて」（『女子栄養大学紀要』第二七号、一九九六年、一一一～一一二頁
（3）同論文、一一四頁
（4）『生物の世界』（『今西錦司全集』第一巻）、講談社、一九九三年、六五頁
（5）宇沢弘文『社会的共通資本』岩波書店、二〇〇〇年、四頁
（6）同上書、四八頁
（7）同上書、六〇、六一頁

第6章　人間と競争——とくに教育問題として

小林直樹

Ⅰ　競争の諸相

1　一般的考察

人間は、二つの局面で〝競争する生きもの〟である。一つは、生物の一種として、生命圏で行う競争。これには、闘争の性格が不可分に絡み合う。もう一つは、人間がつくる諸々の社会関係のなかで、理性と感情をもった存在として行う、人間的競争である。とくにこの後者の局面では、優勝者の喜びや誇りや傲慢と、劣敗者の悲哀や不満や劣等感などが、複雑に絡み合い、人生の多彩な色模様が織り成される。

個人から国際社会に至る競争は、その展開の仕方や結果いかんによって、個人と社会のありように多大な影響を及ぼすものとなる。したがって人間学的考察は、競争の現象分析にとどまらず、諸々の競争を制御するルールや条件、競争から生ずる「負」の結果に対する社会的配慮に至るまで、広く考察の射程に入れていく必要があろう。——なお、暴力や謀略を手段として戦う〝闘争〟は、ここでの対象とはしない。（その種の闘争、とくに戦争の問題は、本シリーズ第2巻第11章の拙稿で論考しているので、その参照を乞いたい。）ただし、すぐ後でも述べるとおり、この両概念の区分は困難であり、境界線は明確には引きがたい。

人間の競争は、後でも見てゆくように、一定のルールのもとで節度をもって行われるかぎり、諸個人にとっても社会にとっても、生活や文明を高めていくうえで重要な役割を果たしている。競争のまったくない人間関係は、緊張に欠けたり、いわゆる切磋琢磨もないままに停滞に陥り、やがては脱落や消滅の運命を甘受せざるをえなくなろう。〝良き競争〟は、個人をも社会をも活気づけ、向上に資する不可欠なものといえよう。

2 生存競争

生物の進化は、ダーウィン以来、突然変異と自然淘汰を通じて行われてきたとみられる。種々の解釈や対立はあるが、進化論でのこの基本原理は学問上の通説といってよい。平たく言い直せば、偶然と物理法則と競争の絡み合いが、人間に至る「進化」を形づくってきたということになろう。そしてあらゆる生命体は、厳しい自然条件のなかで、異種間および同種間の競争（ときには生死をかけた闘争）を行いながら、種の保存の営みを続けてきた。人間もまた、動物の一種である以上、そうした生存競争を免れえなかった。しかし、人類はそのなかで優れた脳をもち、言葉や技術を駆使しえたために、優勝者として勝ち抜き、地上の覇者として今日の文明を築いてきたのである。

この生存競争の過程と結果は、〝優勝劣敗〟という酷烈な法則で貫かれているようにみえる。動物は植物を摂取し、強い動物（猛獣と人間）は弱い動物を殺し、さながら〝弱肉強食〟の現実を演じてきた。ここからH・スペンサーによる「社会的進化」論が形成され、「優勝劣敗」は人間社会の法則でもあるという実力説が現われ、一部では今日も支持されている。しかし、人間の社会は、人間独自の価値の絡み合う世界であって、自然界の法則がそのまま妥当するわけではない。生存競争もここでは、ストレートに弱肉強食となるのではなく、道徳や習俗や人権価値等による制約のもとで変容されることになる。

生存競争は、人間の社会では主として人間同士の間で行われる。諸個人は、家庭にはじまり各種の学校、種々の職場などで、不断の競争過程に入る。個人ばかりでなく、あらゆる集団も同種・異種の諸集団と相互に競争を行い、ときには死活を賭けた激しい対立（その極限は闘争⇩戦争）ともなる。たとえば同種企業間の競争は、受注・損益・技術・組織などの多面にわたり、各企業の存立にかかわる競争を日常的に行っている。宗教集団・民族・国家などになると、競争はしばしば闘争に転位する可能性を含んでいる。しかし、集団競争の場合にもある種のルール（代表的なものとしては、国際慣習や国際法など）があり、それによって相互破滅が回避されることが多い。（これは後の競争のコントロールに続く。）

3　競争の意味論

競争とは一般に、「勝負・優劣を互いにきそい争うこと」だと定義される（『広辞苑』）。勝負を争うという点では、「たたかい争うこと」（同上）を意味する闘争の概念と、かなり重なりあうことになろう。闘争という言葉は、「特に、社会運動・労働運動などで、要求を貫徹するために争うこと」（同上）として用いられる場合もあるから、両者の境目ははなはだ不分明となる。両概念を明瞭に区分する線引きは困難である。

ただ筆者は、前述したように、〝暴力や策略を用いて戦う〟生死にかかわるような争いを「闘争」と呼び、（より厳しいルールのもとで）限定されたマイルドな手段で争う「競争」と、一応区別して用いることとする。この区別は、単に程度の差にとどまらず、手段とルールおよび結果の重さの違いのゆえに、社会学的な意義の違いを生ずる点で、有意味だと考える。かつて私は、「生存二相」を同時的かつ総合的に眺める必要があると考え、

〝闘争と競争〟に対置して〝連帯と共生〟を一線の図上に画いて、生物の生存様式を相関的に考察したことがある（『法の人間学的考察』岩波書店、第一章参照）。生物界は一般に、この対立・闘争面と相補・協同面をともに備えており、全体としてのエコシステムを形づくっている。人間もまたこの生存二相の両面と常に向き合って生きているのである。

なお、人間的競争の意義は、先にも一言したとおり、プラス面では自他の緊張感を高め、互いに競うことによって知力・体力・技術力などを増大し、相互の向上を実現し、ひいては社会の文明度を高めることにある。このプラスの意味での競争は、個人にも、集団にも人類にも、不可欠なファクターであるといえよう。これに対して、競争にはマイナス面もある。競争の目標の次元が低かったり、また過度の競争に駆りたてられたりすると、人間はとかく目的を達成するために手段を選ばず、不公正で卑劣なやり方で勝者になろうとする傾向がある。そのような低劣な競争は、人間をダラクさせ、品格を落としめて、社会にも大害を流すことにもなる。この面での負の競争のありようには、つよい理性的抑制が必要になろう。

4 人間競争の現象学

人間は、種々の欲望―行動の発現の場で、多様な競争をくり展げる。ちなみに「欲望」について、筆者は食や性などの基本欲求を第一次欲望と呼び、社会関係のなかで金や権力や名誉・地位などを求める欲求を第二次欲望と名づけ、真理や美などの高次の精神価値を求めるものを第三次欲望として整理を試みた（これはN・ハルトマンやA・マズローらの意見を参照して行ったもの）。この分類によれば、第一次欲望の場では、他の動物とも共通する「食と性」をめぐり、第三次欲求の局面では、芸術や学問あるいは宗教上の競争を行うことにもなる（この点については、私の「欲望と感情（上）」、国家学会雑誌、一一八巻五・六号、二〇〇五年の参照を乞いたい）。

ここでは、主として第二次欲望にかかわる、社会的な（人間同士の）競争を一望しておくことにする。

①　権力競争⇩政治上の支配・優越を求める競争。「敵と味方」（C・シュミット）の対立が激化すると、闘争に転化しやすい。（クラウゼヴィッツの『戦争論』によれば、戦争も政治の延長線上に置かれる。）

②　経済競争⇩諸個人の金銭＝所有欲から、巨大企業・国家の経済的優越の追求まで、広く日常的に行われる。「欲望の体系」（ヘーゲル）と呼ばれた資本主義市場では、とくにグローバル化の現代ますます熾烈になり、同時に深刻な格差を生みつつある。

③　地位・名誉競争⇩個人の承認欲・所有欲とも結びついて、高いステイタスや名誉を求める争いも、日常至るところに見られる。その一つの系としての受験競争も、出世の浮沈をかけた争いの典型例である。

④　体力・知力の競争⇩勝負をきそう各種スポーツ（水陸の競技・野球・サッカー等々）や武道、それに囲碁・将棋等の知的競技、その他さまざまな種類のコンテストなど、おびただしい競い合いがある。

学問や芸術のそれも、地位・名誉・所得等が絡む場合は、③④にわたる競争となろう。宗教上の競争も、上記①②③と重複して、世俗の醜事と化することがある。この意味では、第三次欲求の分野にも、現実には社会的競争が少なからず生ずる。

5　競争の両面性

人間の競争には、正・負、明・暗の両面があることは、先にⅠ-3で指摘したことである。これについても、もう少し詳しく見ておくことにする。

(1)　個人でも集団でも、競争がフェアに行われ、過度に勝負だけにこだわらず、ライバル相互間で人格的承認を分かち合うような場合には、競争はコンテスト双方にも、また社会的にもプラスの意味をもつ。ライバル同士が、切磋琢磨を通じて、それぞれの知力・体力・技術力・収益力等を増すことによって、全体社会も進歩・向上していくであろう。こうした競争の積極面は、人類文明を推進する原動力となるのである。

(2) 人間の競争はしかし、上とは逆に人間や社会の退行や堕落に導くという、マイナス面をもっている。競争者たち（とその応援グループ）が、勝敗の結果にとらわれ、アンフェアな手段を弄し、いわば汚いやり方で勝ちを得るような場合は、競争じたいが歪められ、社会にも大小さまざまな弊害を生ずるだろう。この消極面については、一見フェアに見えるやり方で、不当な競争による勝者となる場合（たとえば、豊富な政治資金を集めて政権を確保する「金権政治」等）もあるので、世人はそれらを見分ける批判眼が必要である。

なお、競争の結果に生ずる消極面として、〝劣敗者〟とされた側に生じる差別やフラストレーションも、社会的に大きな問題となろう。競争の優勝者が、その場面々々で受ける賞讃や名誉や地位・所得などの利得に対して、敗者はときとして不当な低い評価や扱いをこうむるため、それは多くの怨念や憤激を生むことにもなろう。前者が少数であるのが通例だから、競争の結果として多数の劣敗者たちの間に挫折感や憤懣が増大・蓄積されると、社会はその鬱屈のために不安定なものとなる。それゆえに、一方では競争の公正さを保障し、他方では多元的な価値を前提とした多数の競争の場を設け、〝敗者〟たちにも自信回復のチャンスを広く設けておく必要がある。競争目標の多元性と競争の多次元性は、安定社会の要件といえよう。

6 競争のコントロール

上の考察は、社会における諸競争のプラス面を助長し、生じやすい禍害やマイナス面を抑制するにはどうしたらよいかの、提言に導くだろう。I-5で述べた競争の多次元性のほか、その要件をあげるとすれば、既述との重複はあるが、次のとおり。

第一に、競争の健全化には、冒頭からふれてきたとおり、公正（fairness）の原則が決定的に重要である。これは武道・スポーツ・囲碁将棋等の分野では、説明を要しない自明の事柄だが、経済・政治・文化の面での公正原理の実施には、種々の障害が入りやすい。たとえば政治過程における金や権力による歪みは、その明らかな実証となる。

第二に、過度の競争と、その結果生じやすい暴力的闘争への移行を防ぐために、健全な競争のモラルを確立し、それに基づく社会的ルール、（たとえば、市民社会の契約における「信義誠実」の原則等）、を実施していかなければならない。しかし、この要件も言うは易く実現は困難である。仁義なき戦いは、ヤクザ団体だけでなく、政党派閥や宗教団体、あるいは一般の利益集団の間にも、しばしば生じうる現実である。その是正には、国民の不断の監視と批判が必要である。

第三に、〝受験地獄〟に見られるような過当競争と、その背面で進行した教育の荒廃は、現代社会の歪みの反映である。（これについては、Ⅱで考察する。）その是正にはマンモニズムをはじめとする現代的価値観の転換という、難しい課題との取組みが求められる。これについては、低次元目標の競争を軽蔑し、それを抑えるような文化の高さが必要だが、高次文化の達成には価値観の変換を要するという、堂々めぐりの関係があって、容易には達成しえないであろう。

第四に、競争から生じる多数の〝敗者〟には、幾重もの〝復活戦〟のルートを設けるなど、個性と能力に応じた生き方を発見できる社会的仕組みをつくっていく必要があろう。挫折感から絶望や反社会的行動に走る者をなくすことは、開放社会の要件である。これには前に述べた社会の価値観の転換と多様化が必要である。地位や所得の高さを望むといった、通俗の価値観の打破が求められる。

Ⅱ　教育の場における「競争」——主に日本の問題状況に即して

1　現代教育の危機的状況

日本の今日の教育は、社会の混迷や腐敗と表裏をなして、頽落の一途をたどっているのではないだろうか。諸学校で頻発していた破壊や暴力は、一時より少なくなったものの、陰湿ないじめは至るところで続けられ、不登校児も増大している。これらの学校現象にもまして、子を殺す親、親を殺す子、あるいは、友人を残虐に殺して平然たる生徒などが、それほど珍しくなくなっていることは、この教育（とくに家庭教育）の失敗を端的に物語っているといえよう。

振り返ってみると、戦後の教育はさまざまな局面で、その存立を脅かす大小の荒波にさらされてきた。敗戦直後には民主教育への転換、政治の〝逆コース〟の進むなかでは、〝文部省vs.日教組〟の対立、経済の高度成長の果てのバブル崩壊時には、一般的な道徳規範の頽廃、そのなかでの復古運動の激化（その典型例としての「君が代」の強制）などなどである。しかもこの後半の時期には、ソ連の解体に続く社会主義勢力の急激な退潮（それにともなう国内の〝進歩〟勢力の著しい後退）、法＝政治面では歯どめのない平和憲法の浸蝕（とりわけ新日米ガイドライン以後の米軍要請への服従による、たとえば自衛隊の海外派遣や有事法制の整備など）が続き、民主主義の形骸化が進行した。さらに情報化が進み、ＴＶやＩＴの普及と世俗化によって、人々の意識はますます自律性を失い、デモクラシーの主体としての自覚も意欲も稀薄になってきた。

教育の荒廃は、このような政治・社会の現実を背景として生じてきたといえよう。「衣食足りて礼節を知る」

といった古語が通用力を失い、近代的自由が本来もっていた「他者の自由を尊重する」という内在的な行動原理も無視されがちな事態のなかで、教育と道徳の立て直しが求められているのである。教育における競争も、このような問題状況と照らし合わせて考察されなければならない。

2 競争目標の低俗化

競争がフェアに行われても、そのめざす目標が低次の価値対象にとどまる場合には、競争者たちを高い次元に引き上げるプラス機能は、期待しがたいであろう。たとえば、単なる食や性をめぐる競争は、動物レベルの闘争に終わったり、権力や外面的な名誉などを得ようとする競争も、高次の精神性とは無縁の争いに堕しやすくなろう。――この点で、今日の資本主義社会における競争が、貨幣《カネ》を中心とする富の達成に主たる目標をおいていることは、現代人類の精神生活を劣化させるはたらきが大きいだけに、格別の注意を要する。金銭が人間の諸欲求を充足させる手段となってから、あたかもそれが〝万能の価値〟であるかのような幻想を生み、その追求を人生の最大目標とするような単純な経済人《ホモ・エコノミクス》が輩出してきた。現代はまさに、このような拝金主義（mammonism）が横行する社会になりつつある時代だといってもよいであろう。このような社会での競争は、貨幣への物神崇拝によって、大きく歪められることになる。

第二次世界大戦後の復興期いらい、日本の多くの家庭とその子どもたちは、経済上の所得（およびそのための職業・地位）の上昇と安定を求め、それを保証する〝よい大学〟⇩そこにより効果的に進学しやすい〝よい高校〟⇩同じ意味での〝よい中学校〟〝よい小学校〟への入学をめざした。そのようにして生じた学歴主義は、激しい受験競争を生み、その競争に勝つことが、勉学の第一目標と化すことになってしまった。そういう試験技術のための勉学は、真理追求の理想から遠ざかり、学問の楽しさとは縁のない、単なる手段にすぎなくなる。したがって学校は（むろん例外はあるが）、テストと点数挙げを競う場所になって、楽しい〝学びの園〟ではなくなる。テストに脱落して〝劣等生〟のレッテルを貼られた生徒たちが、暴徒のようにあばれまくり、破壊やいじめに〝憂さをはらす〟ようになるのも、不思議ではない。競争目標が低劣化し、受験科目だけのテストの連続で、子どもたちを（人間価値とは無関係に）機械的序列で評価することは、人格の破壊につながるから、反撥はむしろ自然の反応といえよう。教育が本来の理念を喪失し、学校が片々たる知識でランク付けを行う、精神なき〝煉獄〟になれば、競争の意味はさらに劣化するだろう。——教育がこの悪循環から脱し、本来の軌道に戻るためには、市民社会の根底に流れるマンモニズムの風潮を抜本的に克服し、より高次の価値をめざす社会に切り換えていく必要があろう。（この点については、Ⅱ-6で再考する。）

3　公正原理の後退または変質

富あるいは経済的な豊かさを求める競争、および富力と深いかかわりをもつ権力をめぐる競争は、公正原理を無視または排除する傾向がつよい。富力や権力を手に入れれば、その競争に負けた〝劣敗者〟に有無をいわさず、その地位を保ち・快適な生活を続けることができるという、優勝者の傲りの夢が、〝目的のためには手段を選ばない〟傾向を駈りたてる。富と力は、その魅力にとりつかれた人々の視野を狭め公正原理を見失わせることになりやすい。富や権力はそのような魔力をもっているが、なにぶんにもそれを渇仰するライバルが多いために、いっそう彼らをマキャヴェリズムに駆りたてることになる。そして陰謀や策略・暴力などを恥知らずに用いる輩《やから》には、公正原理はまったくはたらかないから、そこにあるのはもはや競争というよりは、〝盲目的な闘争〟である。

教育の場ではさすがに、むき出しのマキャヴェリズムが横行する場面は少ないだろう。しかし、前述のように拝金主義が一般に拡がっている今日の社会では、公正原則は大幅に後退させられることが多い。富める階層が子弟を早くから塾や予備校に入れて、受験競争に有利な地位を占めさせるなどは、その卑近な例である。あるいは、政財界の有力者の伝手《つて》や〝顔〟で、私立学校に入学させるとか、またスポーツ等の特技で受験上の特別扱いを得るなど、さまざまな例がある。——こうした現象は、日本にかぎらず、経済発展の著しい韓国や中国などでも、近時目立って見られるようである。（しかも、受験競争が激化すると、不正行為もふえるなど、公正原則に反する行為によって、人間じたいの劣化も生じやすくなる。教育界にかぎらず、たとえばスポーツの分野でも、薬物の使用など不公正な行為が跡を絶たない。）

公正原理は、一般の社会の道徳（モラル）と士気（モラール）の高低と相互に依存し合うものである。その実現の度合は、社会のモラル（moral）とモラール（morale）の指標ともなるし、また逆に社会の健全さを支える一つの条件ともなろう。教育が健全に行われるためにも、家庭や学校や地域の隅々にまで、フェアネスの精神が広く充実していなくてはならない。それが失われると、小は児童の万引きから、大は政・財・官の高位にも浸蝕する汚職や腐敗などの、大小の犯罪の温床をつくる結果に至るだろう。

4 公正を歪めるもの——とくに不平等と差別

競争の公正原則を破る第一の動因は、主体に即してみれば、自分だけが他人を出し抜いて勝とうとする、悪賢いエゴイズムであろう。それを抑えて公正さを守らせるのは、そのような不正・不当を恥じる精神を育てる教育の仕事となる。しかし、教育だけではどうしようもない、社会条件もある。なかでももっとも重要なのは、不平等と差別である。——古来、不平等はどの社会にもあったし、それを前提とした〝差別〟の意識や行動も、広く見られる現象である。しかし両者ともに、競争における公正の意味をも妥当性をも否定するものである以上、長い時間と労力をかけても、その克服がめざされなければならない。

(1) 近代以前の不平等は、「身分」上の差別と不可分に、公正原則を頭から否認する〝制度〟でもあった。古代の王侯・貴族と庶民（普通人）および奴隷、中・近世の封建制下の諸身分の間の、確然たる身分上の不平等は、各階級・身分間の競争を原則的に許さないものであった。身分上の差別は、その頃のほとんど規範化した不可疑の常識であったから、同じ身分の外での競争は存在しなかったといってもよい。

(2) 一般に、競争原理が成り立つのは、近代になり、市民社会の成立によって人々が古い身分制から解放され、各個人が一個の主体として認められるようになってからのことである。すぐ後でも述べるとおり、近代および現代においても、不平等はなくなっていない（おそらく今後もなくなることはないだろう）。ただ、多くの近代憲法が足並みをそろえて、「法の下の平等」を保障し、一切の差別を認めないと宣言することによって、競争原理は〝市民的自由〟とともに近・現代社会の原則となった。

(3) しかし、近・現代の社会でも、不平等の事実は不可避的に残った。むしろ市民社会における〝自由競争〟は、〝優勝劣敗〟の過酷な〝法則〟を通じて、新たな（たとえば、資本家 vs.労働者のような）不平等の対立構図をつくり出した。〝自由競争〟から生まれた新しい不平等関係は、先にも述べたような教育の場での公正原則を実質的に否定するに等しい、負の作用を営むことになっている。

(4) 上述の傾向は、国際的には以前から「南北」問題——すなわち先進諸国と発展途上国との間の格差——として論議されてきたところである。この国際的不平等は、世界規模での経済的・社会的・政治的な不公正状態を生じ、大きな不安定要因ともなってきた。しかもそれは、今日のいわゆるグローバリゼーションの進行とともにいっそう拡大され、修正しがたいほどの格差を生みつつある。そのようにして世界大の不平等状況が進むと、教育上の公正競争はますます歪められ、大量の人間疎外を再生産することになろう。

5 教育疎外の現代的諸条件

上記の不平等状況に加えて、現代の生活関係のなかには、教育の理想や理念を阻害する負の条件が山積している。技術を中心とする〝文明〟の急テンポの進行とともに、人々の生活のレベルや利便が高まる反面で、人間を疎外する条件も増大し、教育はモロにそれらの被害を蒙ることになった。これは現代文明の重大なパラドックスにほかならないが、さしあたり以下の四項目にまとめて、その大まかな概観を行っておこう。

a　都市化と環境悪化　一万年ほど前に始まった都市は、技術の進歩とともに加速度的に拡がり、今や世界人口の七、八割が都市に住むに至った。そこでの生活の利便や快適さが、都市化を促す主な動因となっていたが、同時に都市は人々の欲望を刺激し、多くの犯罪を生む温床ともなった。この都市化の最大の問題は、環境の悪化と人間関係の粗悪化（これについては次項bでふれる）にあろう。自然環境の悪化は、空気・水・食物等の汚染で子どもたちの身体を弱める、という生理的側面と、豊かな緑と水などの自然との触れあいを奪うことから生じる、心の砂漠化という心理的側面があるが、いずれも子どもたちの健康な成長を歪める、大きな負の条件となっている。

b　人間関係の粗悪化――共同体の崩壊　近代的生活の広がりは、（都市に限らず）一般に古い共同体（Gemeinschaft, community）の崩壊を伴い、人間関係を利害計算中心の冷えたものとする傾向がある。良くいえばそれは、自律的な主体間の〝自己決定〟による〝開いた社会〟をつくる要因となるけれども、悪い面では共生感情の通わない冷たい関係となる。こうした事態は、土地狭小のわが国での住宅事情によって、いっそう厳しくなる。狭いアパートメントの部屋で暮らす多くの人々は、隣人関係だけでなく、家族間でもゆったりとした温かい心の通い合いが乏しくなり、つまらないことで衝突したりする。子どもを塾や大学に通わせるために、親も懸命に働かなければならず、親子・夫婦間の対話もなくなるといった事情は、しばしば家庭の崩壊を招く。このような通例の都会の風景は、今日の教育の悪化傾向に、深くつながっているのではないだろうか。

c　情報化社会のマイナス面　コンピュータを中心とするIT機器の発達は、現代人の生活に多大な寄与をなしてきた。IT機器とそのネットワークの広がりは、現代とそれ以前の時代を分かつ最重要のメルクマールとなったといってよい。同時にその負の機能も、ITを利用した新手の犯罪のほか、教育関係だけでも深刻なものとなっている。テレビやケータイを使ったゲームの流行、それらのメディアを通じての快楽への誘惑・欲望の刺激、さらには麻薬やカルトから自殺までへの誘いなど、教育破壊の作用は甚大である。この領域でも、メディア間の競争の結果グレシャムの法則がはたらき、悪情報がはびこりやすいだけに、その悪影響から子どもを守ることは、重要な仕事となる。

d　教育の権力的管理　以上の諸条件に加えて、教育に対する国家的統制が、教育の自由を抑制し、教育の分野に優勢な権力層の意志による歪みを生じやすい。教育基本法に示された戦後民主教育の理念は、いわゆる「逆コース」以後長らく、この権力的干渉に歪められ苦しめられてきた。日教組 vs.文部省という対立構図が〝革新勢力〟の退潮によって崩れてから、「君が代・日の丸」の強制に象徴される復古的傾向が強まり、教育基本法の存続も危くなってきている。そうした一元化統制は、教師・児童らの自由や創造力を摩滅させ、文化の多様性をも失わしめる大きな禍害を生ずる、重大な負の要因である。権力による管理教育は、きびしく批判され続けなければならない。

6　結び――教育における自由と公正の回復

現代教育は、上に概観してきたように、多数の重大な負の条件に囲まれ、教育基本法の理念とはほど遠い危機的状況のなかに押し流されている。その重い閉塞状態から教育を救い出し、すべての子どもたちに真に人間にふさわしい学習をさせるようにするために、為さねばならないことが山積している。問題の局面を「競争」に限定しても、その自由と公正を保障するために、それを歪める不平等と差別の是正（これだけでも社会の構造改革という長期にわたる難事業である）、必要な教育条件の整備などのほかの権力的な管理と統制の排除、悪質な情報のフローからの児童・少年たちの保護（情報の統制は、「自由」との調整で困難である）、家族や地域の共同性の回復などの難しい社会条件の改善が必須である。これらに加えて、社会の成員に広く求められるのは、競争目標の質的向上――カネ万能などの低次元の欲求を超えた目的の指向――という、人生論や文明論にかかわる要件である。これらの基本的な条件の充足は、まず教育者や父母たち（ひいては政治家や経済人たち）の、いわば「人間改革」をも必要とするであろう。いうまでもなくこれは、容易には達成しがたい難題である。しかし、現代人が自らの欲望と生活の仕方で陥ることになった、今日の重い閉塞状況から脱出するためには、大人たちの自己改革が不可欠になっているといわねばならない。

第7章　子どもの権利への教育学的アプローチ

堀尾輝久

子どもの権利論は、一方で子どもとは何か、人間発達の具体的筋道にそってその権利をどう考えたらよいかが問われており、実はその問い自体が人間の権利とは何かを深めることに通じている。したがって子どもの権利論は法学的・法哲学的問題であるが、同時に発達論を基礎にもつ（発達）教育学の問題であり、その視点をくぐらせて、たとえば憲法の人権条項の読み直しも可能となる、というより必要となるといってよい。それは人権を子どもに適用するという発想とは逆に、人権を人間の権利、つまりは子どもであり成人であり老人である人間の、ライフステージにそった権利のあり方を含めて、人権の把握を深める視点ともなる。

この意味において、本稿のテーマは総合的人間学的テーマへの一つのアプローチだといえよう。（次に述べる[1]は、総合人間学第一回シンポジュウムでの問題提起（二〇〇二年一二月）に基づき、総合的人間学としての教育学の可能性について考察を試みたスケッチである。）

1 総合的人間学としての教育学の可能性

現在、細分化した人間諸科学をどう総合化するか、その際、諸科学はそれぞれ、どういう課題を引き受けながら総合化に貢献できるのか。

そこでの教育学への期待と可能性はあるのか。

(1) 教育学の人間把握

人間を歴史的・社会的存在としてとらえると同時に、生長（成長）、発達し変化する存在、生まれ育ち、成長し、やがて死を迎える存在としてとらえることが前提。人間は自然・社会的環境条件のもとで、無意図的、意図的はたらきかけ（形成と教育）のなかで成長、発達する。とりわけ意図的はたらきとしての教育は、人間発達と「価値的」にかかわっている。

(2) その教育を、それを規定している政治や社会の関係のなかで位置づける

教育と形成にかかわる諸関係の総体を対象化し、それを人間発達の視点から批判的に検討する。さらに、その知見を臨床知を含む教育実践の技術へと収斂させる。そのこと自体が人間発達をより具体的にとらえる作業でもある。

このなかで、人間発達（human development）と社会の歴史的発展（socio-historical development）の関係も問われる。そのような教育学を発達教育学と呼ぶとすれば、それは発達人間学とワンセットである。

(3) 諸科学が分化するなかで、それぞれの学問が総合化を求め、人間学たらんとする

人間学としての歴史学、人間学としての社会科学、人間学としての心理学、人間学としての教育学……それぞれの諸科学が、個別の学問の総合化（たとえば、教育諸科学の総合化）を求めるとともに、人間学として、そ

してその総合へと動きだしている。そのなかで、しかし、前述のような志向をもつ教育的視点、さらには発達教育学的な貢献なしには、実は総合的人間学なるものは成立しないのではないか。

(4)「発達と教育の相」のもとで

その場合に、教育学がどういうユニークな視点をもっているかを端的にいえば、人間のとらえ方として、それが、歴史的、社会的な存在把握にとどまらず生成、変化し、成長、発達、やがて死を迎える存在としての人間把握（生涯発達論）。これを「「発達と教育の相」のもとで人間をとらえる」と言い直してもよい。

このような視点（perspective）を軸としての教育学は、それ自体がチャレンジングな総合的人間研究であるが、それは、人間学をめざす諸科学との共同なくしてはできない学問だと考えている。

2 戦後日本における子どもの権利論の展開

戦前においても子どもたちの権利については、とくに大正末期から昭和の初めに大きなピークがあるが、戦後、子どもの権利論が自覚的に主張されるその流れには、次の三つの段階がある。

第一期：一九五一年に「児童憲章」がつくられるがその前後から一九五九年の「子どもの権利宣言」まで。これを期に児童憲章を子どもの権利憲章としてとらえ直そうではないかという動きが始まる。

第二期：国際児童年（一九七九年）を契機に子どもの権利宣言を条約にしていこうという動きが始まる。この流れの中で、日本の研究者たちもその動きをフォローしてきた。国連の子どもの権利委員会――その当初は人権委員会のなかでの動きになるのだが――その動きをフォローしながら同時に日本にも紹介する。その動きの中心は教育法関係の研究者だったと思う。永井憲一など早稲田のグループがひとつの中心であろうし、旧「民研」（国民教育研究所）のなかにも子どもの権利条約に向けての動きをフォローし、案が出るたびにそれを紹介しながら研究してきた。

第三期：一九八九年の「子どもの権利条約」の成立以降。その成立と同時に日本でも批准を進めようと、第二期に軸になった人たちが中心になりながら批准を進める運動、そして権利条約の精神を根づかせる運動を進めてきた。ＤＣＩ（Defence Children International）日本支部の活動はその頃から活発になってくる。そして一九九四年に日本政府は批准し、その後の運動の発展の時期ということになる。

以上三つの区切りはそれなりの意味をもっているが、現在の子どもの権利の状況からいえば、条約の成立とその後が決定的に重要な意味をもつ。私自身は子どもの権利の問題について、三つの時期それぞれに深くかかわってきた。第一期、つまり児童憲章、子どもの権利宣言を受けての、そして日本へも根づかせるという発想とともに、そもそも子どもの権利とは何なのかということで、私自身は取り組んできた。

いちばん古い論文は、「児童憲章とは何か――その問題性」（『教育』一九六〇年五月号）である。これは読み直してもおもしろい論文だと思っているが、児童憲章の問題点についてそこに権利という言葉がないという弱さの指摘と、権利宣言として読み直すことができるのだという視点での主張を含んだもの。その後は「子どもを守る会」が非常に大事な役割を果たしていて、『児童問題研究』という雑誌でも何度も特集を組み、朝日新聞と共催で講演会を何回か開催し、私もそれらにかかわってきた。

児童憲章の問題については拙著『人権としての教育』（岩波書店、一九九三年）でもふれておいた。この本のなかには「子どもの発達・子どもの権利」という章がある。これは「国民の教育権論を考える」際の軸に子どもの権利の視点を据えようとしたものである。さらに子どもの権利に関する仕事として、児童憲章、子どもの権利宣言を軸にしながら子どもの権利の思想史に取り組んできた。そして『子どもの権利とは何か』（岩波ブックレット、一九八五年）を書き、また『子どもを見直す』（岩波書店、一九八四年）は「子ども観の歴史と現在」

という副題で、子ども観の歴史を通しながら権利の視点、発達の視点がどのように深まってくるのかを書いた。『子どもの発達・子どもの権利』（童心社、一九八九年）——条約が批准された年。最後に資料として権利条約が載っている——、この本の内容は、とくに保母さんの研究会で話したことが軸になっており、子どもの発達と保育の基本原則という章もある。私は子どもの権利を発達の視点でとらえなければならないと強く感じて、こういう本を書いてきた。このところ国連子どもの権利委員会も、その「一般所見」（二〇〇五年一一月）に示されているように「幼児の発達と子どもの権利の問題」についてかなり関心をもっているようで「わが意を得たり」という感じがする。条約の批准以降は、私もＤＣＩの一員としてあるいは、国連へ向けての市民ＮＧＯの「報告書をつくる会」メンバーとしてやってきた。そして『地球時代の教養と学力』（かもがわ出版、二〇〇五年）のなかに、「地球時代の子どもの権利」という章を入れた。これがある意味でいちばん新しいもので、今まで書いたものを地球時代を意識してとらえ直しているということでもある。

また資料として私の「子どもの最善の利益とは何なのか」（『子どものしあわせ』特集臨時増刊号、一九九四年一〇月）および「豊かな子ども期の保障を」（同誌、一九九五年一一月）がある。短いものだが子どもの権利を考えるうえで、そしてある意味では論争的な問題を含んでいるものなので参考になればと考えている。

3　子どもの権利思想の発展

日本の子どもの権利を考える前に、もっと大きな歴史的な流れの中で子どもの権利を考える必要がある。私自身、児童憲章の問題や子どもの権利宣言の問題に、関心をもってきたわけだが、実は、近代以降のヨーロッパの人権思想の発展とそれを前提としての子どもの権利思想の発展という問題をずっとフォローしてきた。

近代の人権宣言は一七八九年のフランスの「人権宣言」に始まる。学生たちもこの人権宣言は歴史で習って覚えているが、「世界人権宣言」（一九四八年）のほうはすぐには出てこないというちぐはぐな知識の状況がある。人権に関しては当然、第二次大戦以降大きな発展があるわけで、戦争から平和へ、そして植民地の独立の流れの中での「世界人権宣言」、さらにその宣言から条約（「人権規約」一九六六年）へという動きになってきた。思想がひとつのまとまった宣言になり、そしてそれが条約になる、つまり、思想から一定の規範力をもつ宣言へ、さらに法的な拘束力をもつ条約へという発展があるのであり、人権に関しても、世界人権宣言のあとの人権規約は、まさに人権条約なのだという大きな発展がある。「人間が人間である限りすべての人間が人間としての権利をもっている。」――これはフランス人権宣言の中身でもあるが、しかしそれは一国の宣言であり、同時に、女性が外され、子どもが外され、労働者が外されていたという現実がある。そして、その後の十九世紀から二十世紀に至る展開は、いうなれば一国の人権宣言ではなく、大きく世界の宣言として広がっていくのである。

そして労働者も女性も子どもも、それまで人権から外されていた者たちも、人権の主体になっていくという流れの中で、「世界人権宣言」「女性の差別撤廃条約」、障害者の差別をなくす世界的な動き、あるいは「子どもの権利の宣言」から「条約」へという動きになる。子どもの権利の思想も、この人権の大きな展開のなかに位置づけられるということは、大前提なのである。

しかし、人権を子どもに適用するというのが子どもの人権なのかというと、そうではない。そのことを私はずっと強調してきた。〝子どもは人間である〟という子ども把握と、人権思想を前提にしたうえで、「子どもの発見」「子ども期の発見」ということは非常に大事な視点になるのである。

近代の人権思想を前提にしながら、たとえばルソーの『エミール』を見れば、子どもが子どもであることの意味をたいへんに強調している。優れた大人たちも、子どもが子どもである意味を知らない、「小さなおとな」としてしか扱わない。「子どもはおとなである前に子どもであることを望んでいるのだ。」これが『エミール』

の基本モチーフで、発達のそれぞれの段階、その自然の歩みに即してのケアーと教育が大事だという視点を含んで『エミール』は書かれている。

子ども期の発見とそれにふさわしい子どもの権利の思想の中心は、「子どもとは何か」という問いに対して「子どもとは人間である」ということが大前提である。そして同時に「子どもとは子どもである、おとなではない」「成長、発達している存在であり、やがて大人になる存在である」。そこから「子どもは未熟である」という、その「未熟」のとらえ直しが求められることになる。この未熟とは「完成したおとな」をモデルにして、それにいまだ至らないという意味ではなくて、まさにこれから発達する可能性を秘めた存在、これが未熟なのである。「発達の可能態」として未熟をとらえ直したことが、子どもの発見の中心的なポイントになっている。

そういう視点を含みながら、もっと広い視点でのとらえ方は、「おとなと子どもの関係における子ども」、そして家族のなかでの子どもという問題を含めて「親と子の関係における子の問題」。ここでは親権をどう考えるのかという民法上の、あるいは家族法における親子関係の認識の転換、そして親権は子どものためにあるという親権の義務性を含んだ親子関係のとらえ直しが始まる。

さらに、新しい世代と古い世代。コンドルセの「新しい世代は古い世代を乗り越える権利をもっている」という言にもあるように、子どもの権利を「新しい世代」の権利としてとらえることもできる。さらに今日では、近代の啓蒙主義的な歴史観とは違う新しい世界観と結びついて「未来世代の権利」が主張されている。現在の世代の未来世代に対しての責任を軸とした未来世代の権利である。未来世代の権利をわれわれの世代が反古にしたり傷つけるようなことがあってはならないというものである。この地球を未来世代に、汚染されないかたちで手渡す責任がわれわれにあるのではないかという現代世代の反省をふまえての未来世代の権利が、J・イブ・クストーの提起を引き継いで、いま展開されている。これは、「新しい世代の権利」に「未来世代の権利」

を重ねて、どうとらえるかという問題にもなる。

そのなかで、子どもの視点は発達論的な視点が重要になるし、発達論のなかには関係論的な視点が当然含まれてくる。人権をとらえる視点としての関係論的権利論も主張されている。私もこれに賛成だが、その権利論の前提として、人間の成長発達、その発達論のなかに関係論的な視点が不可欠なのだと思っている。

さらに未来世代の問題は、地球時代の視点から子どもと未来の問題をとらえることでもあり、そのような子どものとらえ方は、従来の保護、あるいは教育の対象としての子どもから、自由と権利の主体としての子ども、そういう子ども観の転換が当然含まれてくる。

権利とは何か

そして「権利とは何なのか」を問う際に、人間が人間として生きるということ、子どもが生きるということが問われる。人間は要求をもった存在である。この要求とは何なのか。これは当然ながら、まず生理的な欲求を前提にしている。それを要求としてとらえ直す。欲求、要求、そして必要、それが権利として自覚されてくる。実は、欲求、要求、権利という問題、そしてそれは「当然のことなんだ」というとらえ方は、ヨーロッパ語のいくつかを並べてみると、非常におもしろい関係が見えてくる。

フランス語の besoin は「要求」、そして「必要」という意味でもあるし、そしてこの言葉が「権利」という言葉に変わってくる。これは一七九一年のフランス憲法のなかの教育に関する表現が besoin であったものが、九三年憲法では droit に変わっていることに示されている。

「欲求」をもつということはそれを必要としているということであり、欠けている（want）から求める（want）わけだし、それは必要（necessary）であり必然的（necessary）なものである。そしてそれは当然なことなのだ。権利は人間の要求に根ざし必要であり、そしてそれを権利として自覚し、同時にそれは当然のことではないかととらえ直す。そういう仕方で権利というものがとらえられてもいいのではないかと考えている。

子どもの最善の利益

子どもの権利のなかで「子どもの最善の利益」という言葉は、一九二四年の「ジュネーブ宣言」、五九年の「子どもの権利宣言」、そして八九年の「子どもの権利条約」と、この三つの子どもの権利宣言・条約を通して非常に大事なコンセプトになっている。ジュネーブ宣言の場合は表現は少し違うが、「子どもの最善の利益とは何なのか」ということが問題である。この考えは古いものであり、権利条約のとらえ方としては、古いものが残っているとする見方もあるが、「子どもの権利条約」を理解する場合、私はいまでも「子どもの最善の利益」は第一原理といってもいいのではないかと思っている。問題は、子どもの最善の利益なるものを、誰が判断し、誰が保障するのか、どういう仕方で保障するのかである。大人たちが「これが最善の利益だ。だから従いなさい」と言っているかぎり、たしかにこれは古いとらえ方であり、大人の考えの押しつけでしかない。

「ジュネーブ宣言」にしても「子どもの権利宣言」にしても、たしかにそこの問題は残っていた。そして結局、子どもは保護の対象でしかないのではないかという現実はあったのだが、しかしそれは「子どもの最善の利益」という考え方が間違っていたというわけではない。その内容を誰が理解するか。それが大人であり教師である、ということがおかしいのである。そこで、子ども自身の意見表明権のもつ意味が非常に大きいわけである。

権利条約の画期的な意味は最善の利益論の大きな展開ということにもなるのだといってよい。子どもの意見を聞かずにこれが子どもの最善の利益だと押しつける権利は誰にもない。だからこそ、子どもの意見表明権が非常に大事な権利となってくる。ただその先には、子どもの権利条約の第一二条の解釈の問題としても、それぞれの発達の段階を考慮することが、当然求められてくるわけだ。

子どもの意見表明は、生まれてからの要求の表現としてとらえれば、子どもがお乳を求めて泣くということも欲求の表現であるし意見（views）の表現である。その要求を受けとめ､応える責任が周りの者にはあるのだ。そういう視点から、意見の表明権をとらえ直さなければならない。そこにはまた、子どもの言うことはすべて認めるということとも違うという問題が当然出てくる。そこで、子どもの要求と周りの大人や教師がどういう配慮をするかという問題は、現実的な問題としては残っているのであり、子どもの要求は全部受け入れろということが子どもの権利条約の精神ではない。「子どもの最善の利益」というコンセプト自体を豊かにするという意味で、子どもの意見表明権の問題も、もっとていねいに発達に即したとらえ直しが必要ではないか。そうであればまたこれをいきなり、自己決定権というように理解するのは大きな問題であり誤りであることもわかってこよう。

『子どものひろば』の条約特集号（一九九四年）で私は、その第三条の解説として「子どもの最善の利益」について書いた。この号で喜多明人が第一二条を解説しているが、その解説はやや自己決定論的な解釈になっている。この点はその後、論争になっていく。

さらに「子どもの最善の利益」（the best interest of the child）という訳語、表現自体が適切であるかどうかという問題もある。「インタレスト」あるいは「アンテレ」という言葉は、教育論では「興味・関心」という訳語に当たるものだが、子どもの多様な興味・関心のベストのものを誰が決めるのかという問題にもなるし、また利益とは、子どもの興味関心、願いというものを理解しそれに応えるということでなければならない。いきなり「利益」という日本語になると、その中身の理解も深まらないのではないかという思いもある。この小論の最後に、何が最善の利益なのかを誰が判断するのかということにふれ、そこで「第一二条の意見表明権の意義はまさにここにある」ということを強調しておいた。私は、権利条約の最も大事なポイントが意見表明権であるというのは、やや言い過ぎではないかと思っている。

しかし、「最善の利益」をとらえ直す、そして誰がそれをとらえるのかという問題提起性は大きく、「子どもの権利宣言」から条約への発展のなかで、第一二条が決定的な意味をもつことも明らかであろう。

人権と子どもの権利

そういう視点を含んで、子どもの権利がわれわれのものとして共有されてくるのだが、では、その子どもの権利は人権とどういう関係になるのか。私は、人権を前提にしながら、それとは別のオーダーの問題として、子どもの権利の視点が大事だ、つまり人権を子どもに適用するという発想ではないのだ、ということを強調してきた。

そしてそのような子どもの権利の視点は、人権とはどういう関係にあるのか。私は、それを「人権の基底にあるものとしての子どもの権利」と言い直すことができると思う。子どもの権利は「子ども期の権利」でもある。人間の一生には子ども期、そして青年期、老年期といった人生のステージ（段階）があるわけで、それぞれのライフステージに即して人権を考えようという視点を提起することになる。

人権は、たとえば私たちが世界人権宣言、あるいは憲法の人権の条文を思い起こしながら人権とはこういうものだというふうに考えるのではなくて、もっと端的に、「人権とは人間の権利だ。人間とは子どもであり、青年であり、老人である」。そしてその子ども時代の権利、これがまさに「子ども期の権利」であり、そして同じ発想から、老人の人権ということもいえるのである。

こうして人権を、そのライフステージに即してとらえ直す視点を、子どもの権利の視点は提起しているのである。

同時に、子ども期の権利はそのライフサイクルの全体のなかでの最初の段階なのであるから、人生のそれぞれのライフステージでもつ権利のもっとも基底的になるという意味で、人権の基底つまりは「人権中の人権」

として、子どもの権利をとらえることができる。

子ども期の権利は、それ自体で充足させることができない。保護されケアーされることを含んで、周りの人間関係のなかで子どもは生長し発達するのである。子どもはそもそも社会的な存在であり、関係性のなかで生きている。逆にいうと、子どもにかかわる人たち――親、保母、教師、社会の人々――の人権が保障されていないと、子どもの権利は守られない。保母さんの権利が保障されなければ保育園での子どもの権利は守られない。もっと基底的にいえば、親の権利が保障されていない（文化的な生存の権利が保障されていない）家庭環境のなかで、子どもの権利が保障されるわけがない。

そういう関係にあるので、子どもの権利は、他者との関係のなかで、他者の権利を確認する、あるいは要求するという構造をもっている。子どもの権利という視点は、ライフサイクル全体の、あるいは人生のもっとも基底的なものであると同時に、子どもの権利は周りの人たちの権利が保障されないと守られない、実現しないという二重の意味で重要な権利の視点である。したがって、人権の子どもへの適用という発想で、皮相な仕方で理解してはならないのである。

私のこの視点は、法学者に対する問題提起でもあった。実定法的解釈学の影響を受けた最近の法律関係の人は、法哲学的な思想的な議論はあまり好きではないようである。しかし私は、そういう視点を含んで人権をとらえ直さなければならないと思うし、とらえ直してほしいという思いを強くもっている。教育法学会でも憲法学者がたくさんおられるので、そういう問題を常に提起してきた。

子どもの権利の現在

すでに述べたように、子どもの権利の流れは、思想から宣言そして条約へ、さらに批准後は政府が報告書を出し、市民ＮＧＯが報告書をつくり、そして国連子どもの権利委員会（ＣＲＣ）がリコメンデーションを出す、という関係のなかで動いている。

そのなかで、私たちは報告書を「子ども期の喪失」そして「子ども期の剥奪」という視点でまとめた。歴史的には「子ども期の発見と子どもの権利」と表現したように、子どもの権利とは、子どもは子どもであるのだ、子ども期を大事にしようではないかという仕方で子どもの権利の自覚が始まる。近代以前には、そういう視点が欠けていた。子どもと大人との関係、子どもを固有の独自の存在とみなすという意識が社会的に共有されてはいなかったのである。そういう状況のなかで、ルソーやコンドルセ、あるいはV・ユーゴーなど先駆的な思想家たちの思想的な活動があった。

現在、そういうものを前提にしながらいまの日本の状況を見ると、すでに「子どもの発見と子どもの権利」という表現ではない。発見されているはずの子ども、にもかかわらずその子どもたちは子ども期を失っている、そのことが、子どもの権利の侵害なのだという視点で、私たちは報告書をまとめた。たとえばルソーの時代は、「子ども期の発見と子どもの権利」という表現がその時代を表現するのにふさわしいものだとすれば、現在、私たちは残念ながら「子ども期の喪失と子どもの権利の剥奪」と表現せざるをえない状況になっている。

私たちのつくった第一報告書（一九九七年）は、「豊かな国、日本社会における子ども期の喪失」、第二報告書（二〇〇三年）は「子ども期の剥奪」というタイトルにしたのだが、実は、この子ども期の消失、あるいは喪失という表現は、アメリカでニール・ポストマンが『子ども期の喪失』（*Disappearence of childhood*）という本を、そして、マリー・ウィンが『子ども期を失った子どもたち』（*Children without childhood*）という本を書いている。私はずいぶん前からこの二冊の本を紹介しながら、子ども時代の消失という言葉を使い、そういう表現をしてきていた。

ポストマンやウィンの議論、これらはポストモダン的な発想に対する論争的な本でもある。これは私の前述の『子どもを見直す』と『子どもの発達・子どもの権利』で、また岩波ブックレット『子どもの権利とは何か』でも少しふれている。日本のDCI支部が結成されたときの講演でも、ポストマンやウィンの話をしたことを記憶している。

われわれの報告書にもそういうタイトルが採用されているのだが、「子どもの発見と子どもの権利」という言い方をしていた近代の子どもと子どもの権利にかける思いと、現在、残念ながら「子ども期の喪失」という仕方で、子どもの権利を表現せざるをえないこの時代の流れを、改めて感じてもいる。

4　子どもの権利の視点から憲法の人権条項を読み直す

「子どもの視点、子どもの権利から憲法あるいは教育基本法を読み直す」。これは新しい視点といってもいい。これは実は、私の教育法学会での報告（二〇〇五年五月）のテーマでもあった。

「憲法・教育基本法」と「子どもの権利」はどのように関係するのか。またそれに重ねて、教育基本法改正論議のなかで「教育基本法には子どもの権利の視点がないから、それを加えたらどうだ」というような主張もある。はたしてそういう言い方でいいのか、ということが私の問題意識でもある。

未完のプロジェクトをどう発展させるか

たしかに「子どもの権利」という表現は憲法や教育基本法にはないが、しかし、当然その視点は含まれているものといえる。とくに現在、「子どもの権利条約」が成立しているのであり、これは日本の国内に対しても、法律としての効力をもつものである。少なくとも憲法や教育基本法は「子どもの権利条約」と矛盾しないものとしてとらえられなければならないものであるし、逆に憲法や教育基本法を、新しい視点である「子どもの権利条約」の視点から読み直すということが、当然できるはずなのだと考えている。

そもそも、憲法や教育基本法それ自体も「未完のプロジェクト」として提示されたのであって、これは、私は基本法問題についても繰り返し述べていることなのである。六〇年前の教育基本法はもう古いのではないかという意見に対して、これは別に完成品ではないのであって、そもそも未完のプロジェクトとしてそれ自体を発展させる課題を含んで提起されているのだ、というとらえ方をしてきている。それでは、これをどういう仕方によって豊かに発展させるのかというと、日本の国内における権利の思想の深まり、現実の諸関係のなかでのとらえ直しがあり、もう一つは国際的な、宣言や条約、そして条理の発展と響きあう仕方で読み直すことが、当然可能なのだと考え、そういう視点でこれまでもやってきた。

子どもの権利の問題については冒頭でも述べたが、戦後の第一期から問題意識をもってきたわけであり、最初に自覚的に書いた論文（一九六〇年）は児童憲章を子どもの権利宣言と一緒に読み直すという趣旨を含んだものであった。そもそも一九五一年の児童憲章自体が、最近またその成立過程についても調べる機会があったのだが、それを通してあらためて子どもの権利宣言として読んでよいのだと感じている。つまり教育に関しては、福祉関係、司法関係、教育関係など、子どもがかかわる問題・領域がある。児童憲章は、子どもにかかわる法律がつくられてきているなかで、それらを貫くものとして憲法の精神を軸に、子どもの権利宣言を出そうという、そういう仕方でつくられたことがはっきりしている。

したがって、そもそも成立したときから、この児童憲章をそのように読むことができるわけだし、さらに子どもの権利条約は新しいものなのだという言い方だけではなくて、新しい視点で古いものを読み直す、発展させる可能性がある、まさに順接的に発展させる発想であり、これは改正論とは異なるのである。改正論というのは、新しいものと矛盾するから改正しろということになるのだが、そうではなく、むしろ順接的な発展の可能性を含んで読み直そうということなのだ。

このように考えると、「子ども」という語は、たしかに憲法にない。だから子ども不在なのだ、と言いきってしまうことはできないだろう。また憲法には「国民」「日本国民」という語がいくつも出てくるが、この国民には子どもも含まれているはずではないか。これも、憲法学者のなかには国民には子どもを含まないという議論をしたりする人もいたようだが、いまはそういうことを言う人はまずいない。ただ、ウェイティングサークルに入って出番を待っている国民だというイメージは、ある意味ではかなり共有されているようなところもある。しかし子どもはウェイティングサークルに入っているわけではないのである。子どもはこの社会のなかで生活をし、要求をもち、主張をしている。そういう子どもを含めてはじめて、われわれの社会は成立しているのだ。子どもがウェイティングサークルに入っているというイメージを壊さなければいけない。これは私たちの課題の一つなのである。とにかく、子どもは国民の一人であるということ、さらに憲法にも、「現在および将来の国民」という言葉が、たとえば第一一条や第九七条にも使われている、あるいは前文には「我らと我らの子孫のために」という言葉もあって、当然そこには、子どもを含んでいる。しかも、まだ存在しない未来の子どもを含んでいるのである。未来世代の権利的な発想としても読み直すことができるのではないか、と私は考えている。

子どもの権利の内容と憲法条文の対応

子どもと子どもの権利の視点で憲法条文を見る。その前提として、子どもの権利とは何なのか。まず、「平和的に生存する権利」が、その第一前提だといっていい。平和的に生存するためには、それに必要な「豊かな文化的な環境の中で生きる権利」がなければならない。安全で安心できる人間関係が不可欠である。私のこの発想は、特別に条文に記されているというものではなくて、自分の頭で、自分の言葉で表現するということをずっと一貫してやってきたもので、したがって難しいことではない。誰もが素直に考えたら、そういった言葉が自然に出てくるのではないかと思う。

子どもは「平和的に生存する」権利をもっているという言葉自体は、いまだなじみが薄いかもしれないが、こういう表現自体は、歴史のなかですでに形になってきたといえる。たとえば、「平和的生存権」という表現は、憲法にはない。私たちの執筆した公民教科書で「平和的生存権」と書いたら、検定でそれは憲法条文の言葉にはないとチェックされ、「平和のうちに生存する権利」という憲法前文の表現に書き直したことがある。

付言すれば、パリであった「平和文化のシンポジウム」に参加した際、フランスの法律家が「人権宣言にはすべての権利が含まれている。ただし、平和のうちに生存する権利という表現がない。これは、これからしっかり考えていかなければいけないポイントなのだ」と発言した。たしかに、世界人権宣言には「平和のうちに生存する権利」あるいは平和的生存権という表現はない。しかし私たちの憲法の前文にはその表現があるということを、そのとき私は発言したのだった。

実はフランスの「子どもの権利条約」の解説書のなかでは、「平和のうちに生存する権利」が最初に出てきている。これはまたおもしろいことであるが。平和のうちに生存する、つまり豊かな文化的環境のなかで育つ権利、人間的に成長・発達する権利というふうに発展し、人間的に成長・発達する権利、それは学ぶ活動・学ぶ権利と不可分であるし、それが教育を求める権利につながり、さらに、意見を表明する権利は幼児期から大事な権利として認められなければならない、という筋で子どもの権利を考えて、日本の憲法の条文と結びつけながら見てみるとどういうことになるのであろうか。そして、子どもの権利を現代の争点、たとえば「君が代問題」とも関係させながら見たらどうなるのか。

子どもにとっての「平和的な生存の権利」を、憲法でいうならば、前文があり第九条と第二五条があるではないか。そういう精神を子どもの視点からつないで「平和的な生存の権利」として表現することができよう。

子どもにとっての「幸福追求の権利」、これは「成長発達の権利」を軸にする、そして「学ぶ権利」を含んでいる——これが日本国憲法の第一三条にある「幸福追求の権利」である。

それから、子どもの「豊かな内面世界を形成する自由」、これは憲法の第一九条、二〇条の「思想・良心の自由」「信教の自由」の規定と対応している。それは子どもにとっては、「豊かな内面世界の形成の自由」「精神発達と思想形成の自由」と表現できるのではないか。

また「子どもの意見表明の自由と権利」——これも新しいといえば新しいのだが、しかし憲法第二一条には「表現の自由」の規定がある。憲法だけを見ていると、これを「子どもの意見表明の自由」とはにわかには読めないかもしれない。しかし、子どもの意見表明の権利というものを憲法上探せば第二一条になるのではないか、ということになる。

さらに「学ぶ権利」も、第二三条に「学問の自由」が規定されている。「学問の自由」は大学の自治と結びつけてとらえられる通説があり、その自由が次第に高校以下の教育機関にも及ぶというのが学説動向である。歴史的にはそうなのだが、しかし、それとは違う読み方ができるのではないか。憲法には、国民一人ひとりがもっている権利として人権条項が並んでいるのであって、第二三条だけがにわかに大学の自由・権利を述べているわけではないのではないか、という読み方をすれば、通説とは違って、第二三条はすべての国民の「学問の自由」の保障であり、子どもにとってはまさに学ぶ権利の保障なのだと読むことができる。さらに、生涯を通じての学習権を規定したものと読める。

学問は高級なものであり、学ぶということが低級なものであるわけがない。湯川秀樹も述べているように、子どもが問い学ぶことと、研究者の探求の精神とは一続きのものだ、という考え方が大事だと思う。

そして、第二六条の「教育を受ける権利」の規定は、まさに「学ぶ権利」を前提にして教育を求める権利（right

to education）であり、あてがいぶちの押しつけの教育（教化）を拒否する権利を含んでいるのである、と読むことができる。

「両性平等と共学の権利」は第二四条の問題であり、さらにその子どもが学びそして社会に出ていく、そのための労働を学び進路を選ぶ権利も当然、青年期の問題としてあるわけで、憲法第二七条の「労働の権利」の規定は、子どもからみればそういう読み方ができるのではないか。このように子どもの権利、子どもの視点からの憲法の読み直しが可能ではないか。

次に、こういう視点を前提にしながら、アクチュアルな問題についてふれておきたい。

君が代強制問題

「君が代強制問題と子どもの権利」という問題もその一つである。いま、君が代裁判が、いろいろなところでも起こっている。係争中の問題もあれば、裁判の結果が出ているものもある。東京でいえば「一〇・二三通達」と予防訴訟の問題であるが、どういう論理構成でこの問題を考えたらよいか。

一つの基軸は、「君が代」をいま強制されているのは教師であり、同通達の一つのねらいは教師統制にある。教育委員会は校長をとおして教師への職務命令を出させる。それに対して、これが人間としての思想信条の自由を侵害するものであるとして、精神の自由、思想・信条の自由、表現の自由とかかわって、この押しつけを批判し、君が代斉唱の義務はないという訴えが起こされている。

この訴訟の本質は、実は子どもの権利、そして教育の条理とは何かということと深くかかわっている。そもそも、この通達の、君が代強制の意図は子どもに歌わせたいのだ。しかし、子どもに直接強制するわけにはいかないということで、教師をとおして子どもに歌わせるのがねらいである。学習指導要領に基づく教育を、と教育委員会は主張している。しかし、教師に歌わせることが学習指導要領の目的ではないわけであり、子どもに歌わせるのが目的なのだから、その教師への強制の根拠が問題なのだ。したがってこの、君が代問題は子どもにとってどうなのか、そして、地方教育委員会の動きを見れば、教師に対する強制だけではなくて、子どもが歌っていないということが教師の処分の理由になっており、こういう傾向がますます強くなっている。子どもの声の出し方（音量）までチェックするやり方をとおして、これは子どもへの強制が〝本音〟なのだということが、ますますはっきりしてきている。少なくとも、子どもに歌わせたいというところにその本音があることはたしかだろう。

では、子どもにとっての精神の自由、あるいは思想・信条の自由、表現の自由はどうなっているか。もし子どもに強制するということになれば、それは憲法第一九条に違反することは明白である。それに重ねて、「子どもの権利条約」からすれば、子どもにも意見表明権が認められ（第一二条）、思想・良心・宗教の自由が認められている（第一四条）。

もうひとつ、アメリカの裁判判決傾向、ということでティンカー判決、バーバー判決を見ると、そもそも学校という社会は、市民社会で許されている権利を制限する理由はなんら存在しないのだ、市民社会で許されていることは、学校でも当然許されるのだということが強調されている。このティンカー判決とは、ベトナム戦争のとき反戦の腕章をつけて登校し処分になり、その取り消しを求めた裁判での判決、バーバー判決とは、九・一一事件のあと、「ブッシュ・インターナショナル・テロリスト」と染められたシャツを着て登校したバーバー君にシャツを脱ぐことを求めた学校の対応を不満としての裁判での判決である。どちらのケースも、学校という理由で表現の自由が制約される理由は何もないという理由で、勝訴している。そういう論理で対応することももちろんできる。子どもの精神の自由、思想・信条の自由、表現の自由という視点である。

その先に、ぜひ深めたい論点があるのではないか。ティンカー判決や、バーバー判決はアメリカのある健康さを示していると思うのだが、逆に日本の、たとえば一〇・二三通達、あるいは、教育を統制する論理のなかでは、教師は公務員だから上司の命令に従うべきだとされる。しかし、公務員だからという視点は簡単に突破できる。教育公務員の特殊性ということを考えなければいけないのである。論理としては、「教師の責任と権限」の意味内容というものを子どもの発達の権利を保障するということと結びつけてとらえる視点、これは教育の自由と権利を呼び出すことになる。教育の自由と権利を媒介にしながら、教師が教育の自由を奪われるとするならば、それがそのまま子どもの発達の権利を歪めることになるのだ、というとらえ方が大事なのではないか。とくに日本では、教育という名のもとの統制の論理がきわめて強くなっているから、逆にわれわれは、教育とはそうではないのだ、子どもの自由な精神の発達を保障するためには教師の精神の自由、教育の自由が不可欠であり、教育は本来自由を要請するものだ、という論理を構築する必要があると強く感じている。その部分がアメリカの判例の論理と少し違うのではないかと思っている。

その場合に、子どもにとっての精神の自由、表現の自由とは何なのか。これは成長・発達する権利と深く結びついているし、学ぶ権利と結びついている。そして発達とは何なのか。——子どもは過ちもする。試行錯誤し、選び直しながら発達する自由。その発達というものを、しなやかにとらえる必要があるのであって、それだけに、この子ども時代から精神の自由に枠をはめるような、そして、たとえ強制ではなくても、真綿で縛るような、気づかれないように枠付けをしながら子どもの精神を方向づける、という教育のあり方が問題なのだ。こうした時間をかけてのマインドコントロール、これも一種の教化（indoctrination）である。しかも権力の思う方向で、ということになれば、問題はいっそう深刻だ。教育とは何なのかと問い直したときに、親にしろ教師にしろ、子どもに気づかれないように自分たちの思いを枠付けしているのではないかという問題もあり、それだけにそこでも自制が求められる。しかしそれと、行政権力が行う強制とは違うことを、強調しておく必要がある。

そういう権力的な、統制的な枠組み、それがたとえ隠微な、直接的、強権的なものでない場合にも、子どもの発達にとってそれは非常に問題になるということが、君が代強制問題に対する子どもの権利の視点からの批判になろう。精神の自由はある、しかし豊かな内面をもった精神の発達を保障する教育のためには、真にしなやかな関係をつくらなければいけない。特定の意見を強制したり押しつけたりすることは、それ自体が子どもの発達の権利を奪う、押しとどめることになる、あるいは教育への権利を歪めることになる。多様な見方、考え方に開かれた寛容の精神が大事なのではないかと考えている。そうした視点から教師の人間としての権利の侵害という問題をみると、教師が教師としての権利（責任と権限）を奪われることによって、子どもの権利が侵害されることになる。その場合の子どもの権利というとき、発達的な視点を重視し、精神の豊かな発達を保障するような関係をどうつくるのかという視点が重要であり、君が代の強制などということは教育に馴染まないことなのだ、ということがいえる。なお、私自身この裁判で証言（二〇〇六年二月六日）を求められ、このあたりを焦点に証言した（なおこの時の裁判所に提出した「意見書」および「証言」を『教育に強制はなじまない』（大月書店、二〇〇六年）として出版した）。

以上[2]〜[4]はＤＣＩ日本支部での子どもの権利学習会での問題提起（二〇〇五年九月一〇日）であるが、発達教育学的視点から子どもの権利をとらえ、子どもの権利の視点からの憲法の読み直し、そして君が代強制問題の批判的解明への取組みはまさしく総合的人間学的アプローチが求められている理論実践の場だといえよう。

第3部　教育の危機克服の実践的試み

第8章　文芸創造と教育における「共生」——芭蕉連句を例として

西郷　竹彦

「共生をテーマとした文芸」ということも当然考えられるが、本論では、「文芸創造の場における共生」に焦点を絞りたい。それは「教育という場における共生」ということについても大きな示唆を与える問題であると考えるからである。

1　俳諧の連歌「連句」

文芸創造は、通常は作者の個人的、いわば「密室での営為」と考えられている。しかしわが国においては古来、文芸の主流を占めた和歌の世界では、むしろ、「唱和」というかたちでの、いわば「集団創造」ということが常識でさえあった。その伝統は連歌となり、俳諧の連歌となり、元禄時代に至り芭蕉の「歌仙《かせん》（連句）」へと発展してきた。連歌には百韻という長いものから、三十六句の歌仙など、種々の形式がある。一座を構成する連衆は、数名から、三吟、両吟、独吟とある。普通は六、七名で一座が構成される。

芭蕉は、歌仙（三十六句）を提唱し、その確立をめざした。本論に入る前に簡略に連句（歌仙）について説明し、その後、連句（歌仙）を視座として、「文芸創造の場における共生」の問題を解明しようと思う。

2 座の文芸としての連歌

芭蕉の門下の顔ぶれは実に多彩であった。五百石、二百石、百石、五十石どりの藩士、また医者、神官、僧侶、大問屋の旦那、町人、職人、農夫など、さまざまな階級、身分、職業、年齢……という多種、多彩な顔ぶれの集団（連衆・座）であった。江戸中期、封建制度下の身分差別の厳しい時代において、連衆は肩書きを捨て姓名を名乗らず、俳号（ペンネーム）を用いて、ただひたすら、お互いに文化的価値の創造をめざして精進した。封建制度下の当時としては、異例の民主主義的な集団（座）が形成されたといえよう。また連衆の人柄も実にさまざまで、たとえば『猿蓑』を例にとれば、連衆には向井去来《きょらい》という重厚篤実な人物に対して、凡兆《ぼんちょう》という非常に気むずかしい、そしてデリケートな感性をもった人物が配される、といったあんばいで、性格のうえでも、多彩な人間模様の一座であった。このことにふれて室町時代の宗祇《そうぎ》は、「連衆は地縁、血縁をこえて心縁によって結ばれ」、封建社会の肩書きをはずし、雅号によって交わる。「げに初めて見る人なれども、連歌の座にて寄り合ひぬれば、互いに親しみはべるにや」と書きしるしている。

ところで、座の文芸・集団創造の場といえば、個性が重視される芸術の創造であるだけに、集団のなかで、個性が「なめされ」、メンバーの個性が発揮されないのではないか、という懸念があるやもしれぬ。しかし、芭蕉の捌いた歌仙を見ると、逆に、それぞれの俳人の個性がみごとに発揮されていることに驚かされるのである。その「秘密」がどこにあるのか、蕉風俳諧の心髄に触れ、歌仙という集団創造の場における「共生」の問題を、教育の場における教師・生徒の「共生」の問題に絡めながら考察を進めたいと思う。

3 集団創造の場としての連句

和歌は五・七・五の「上の句《かみ》」と七・七の「下の句《しも》」により、二句一章の構造をもち、この上の句（長句）と下の句（短句）を二人の歌人が唱和することは古くよりあり、この伝統のうえに、複数の歌人による長句、短句を交互に連ねていく連歌という様式が生まれた。俳諧（の連歌）は、百句（百韻ともいう）、五十句（五十韻）、あるいは三十六句（歌仙）といろいろな形式があり、芭蕉が俳諧の連歌を芸術の域にまで高めたことは周知のところである。俳諧の連歌は後に「連句」と呼称されるようになる。ここでは「連句」（あるいは歌仙）という呼称を用いて、述べていきたい。（ところで、私は、連句や芭蕉の研究者ではないが、文芸学者、また文芸教育の実践者として、芭蕉とその一門の連句についての考え方を、文芸創造の場と、教育実践の場における「共生」の問題として考察したいと思う。）

個と集団ということ、集団のリーダーということ、またサークルのあり方、集団創造ということ、その他、多くのことを考えさせられる。なお、連句について不案内の読者もあろうかと思い、初歩的な連句の知識も織り込みながら述べていきたい。

4 連句（歌仙）とは

連句における第一句は五・七・五の長句で、発句（あるいは起句・立句）という。この句は座の正客か捌《さばき》と呼ばれる司会役が出す。第二句を二の句あるいは脇《わき》と呼ぶ。以下、第三句（第三）と続き第四句以下を平句《ひらく》と呼ぶ。第三十六句、つまり挙句《あげく》（揚句とも）をもって一巻のおわりとなる。

一座のものを連衆といい、その指導者、たとえば芭蕉が宗匠である。連衆の人数は二名から六・七名がふつう。

まれに一人でする場合もあり、独吟、二名の場合を両吟、三名の場合を三吟、四吟……という。連句の会を開くことを「興行」といい、作品を「巻」、作品一巻を仕上げることを「巻く」という。

連句の進め方としては、いくつかの方式がある。句を出す順序をはじめから決めておく順付、早く出した人の句をとる出勝《でがち》（付勝とも）、一座の合議で句の採用を決める衆議判（衆判とも）などがある。

こう説明してくると、教師と生徒の関係になぞらえ、連衆が学級班とかサークルとかのイメージと重なってこよう。さしずめ宗匠は教師、あるいは班や集団のリーダーといえよう。発句は、いわば歌仙一巻の方向づけをするオリエンテーションとなるもので、授業の場における教師の第一問にも匹敵する。教師の発問を受けて、生徒の発言が引き続く（第二句、第三句……）。最後の挙句によって一巻のおわり、いわば討議の打ち切りとなる。

文芸の授業において、文芸の問いは、いつか、どこかで、だれかが正解に到達するということではないように、連句も「きり」なく続けていくことができる。だからこそ、「きり」を付けるのである。それが歌仙の形式においては三十六句目ということになり、それが挙句（あるいは揚句）である。（「きり」が付いたはずなのに、なお、その後もだらだら引き続くことを「挙句の果てに」などという）。発問（発句）のありようによっては答えようがなく、文字どおり相手は「絶句」してしまう。これを「二の句が継げない」などという。発問にたいする生徒の発言を求める場合、教師が挙手した生徒のなかから特定の者を指名して発言させる場合もあり、席順で順次発言させる場合もある。発言を教師が評価するか、生徒みんなの合議で評価するか、これまた、いろいろなケースがある。これらは連句における、順付や、出勝、衆判、等を連想させる。

さて、前の人の句（前句）に対して次の人の付ける句を付句といい、句を付けることを付合《つけあい》という。付合についてのルールを式目と呼んでいる。付句を付けるときに、前句との間に不離不即（付かず離れず）の付け具合というものが問題になる。また、前句の前の句（打越《うちこし》の句）と「似たり寄ったりのものになってはならない」

という重要な決まりが式目に定められている。この「打越句を避けよ」というのは、発想や素材、表現などの点でいま付けようとしている句が前々句と同じようなものにならぬようにという配慮に基づくものである。つまり、変化と発展を保証するためのルールである。前々句、前句、付句を「三句の渡り」といい、三句目の変化を「三句目の転じ」という。

付句は、歌仙（三十六句）中の一句であるとともに、打越句との調和の上に成立した前句と調和しながら、しかも打越句との間に形成された世界から「転じ」ることが要請されているという「三句の渡り」「三句目の転じ」としての一句である。すなわち、付けるということは、転じるということでもある。

「打越を避けよ」ということを、連句では「嫌う」という。また、「打越句に障る」ともいう。これは連句のルール（式目）によって許されぬことで、「差合《さしあい》」（または指合）といい、連句でもっとも重大なタブーとされている。これは、あくまでも変化し、発展していく連句の世界をめざす方法上の決まりである。芭蕉はこれを「歌仙は三十六歩也。一歩も後に帰る心なし」という。

学級における話し合い「討議」において、前に発言した者の意図を十分にとらえ、しかも不離不即の関係をもって発言することがいかに肝要であるかは、授業者なら身をもって痛感させられているところであろう。話し合いの発展にとって何よりも「差合」は「打越の句に障る」ことではないか。発言は前者、また前々者に対して「付ける」ことであり、同時に「転じる」ことでなければならない。足踏みしたり、後戻りしたり、飛躍したりしてはならない。ひたすら前に向かって進むことであろう。そのことを芭蕉は「一歩もあとに帰る心なし。行くにしたがひ心の改まるは、ただ先へ行くこころなればなり」という。また「三十六句みな遺句」ともいう。

付合には、大まかに、ことばの連想、意味の展開、余情という三段階があるといえよう。それが一つとなって見事な「付け」「転じ」がなされているものを「付味」として味わう。それが芸術としての連句である。

5 連句の捌き

捌きとは連衆のリーダーのことであり、一座の司会役のことである。昔は宗匠が捌きをした。連衆は原則として複数の者によって構成されるが、捌きはそのメンバーを選ぶところから始まる。それぞれの個性をもったメンバーの人間関係を集団芸術の創造という場において、よりよきものに組織していくという役割をも担わされている。捌きは連句の式目（ルール）に精通していなければならない。式目に従いながら、しかもそれにこだわらず、歌仙一巻をよりよいものに方向づけていく重要な任務を負っている。一人ひとりの個性を生かしつつ、一座のまとまりを付けるということは至難のことといえよう。

いくつかの発言（付句）があった場合、捌きは、そのなかから一句を撰ぶ。判定である。表現の上手下手よりも、イメージがどう「転じ」ていくか、という流れをみて、判定するのである。「三句の渡り」「三句の転じ」を見るだけでなく、歌仙三十六句全体の流れを同時に巨視的に見渡して、その一句を決定するのである。教師もサークルのリーダーも、授業の流れ、話し合いの方向を見定めて、その時その時の発言を捌いていかねばならない。

捌きはこのように連衆の付句を評定し、決定するわけであるが、それは逆に、連衆によって、捌きが付句を撰ぶたびに評価されている、ということになる。捌きいかんによって、歌仙一巻の首尾も決まってくる。したがって、捌きはときに、連衆の付句を推敲添削することもある。いわば教師が生徒の発言をより適切なものへと言い直しさせるようなものである。ある場合は、教師が言い換えてやるということもあろう。前句と似たり寄ったりの句を付ければ、停滞する。ときには後戻りする。これを「べた付き」と呼ぶ。「転じ」を重んずる連句においては、一座の気分を損ねることにもなる。捌きはこのようなことのないように気配りしなければならない。

6 思いもよらぬ方へ

連句は、筋書きがあって進められるものではない。いわば出たとこ勝負の世界である。たしかに「三句の渡り」は、あるルールによって運ばれていくが、「転じ」ることによって展開する芸術であり、捌きの思惑を超えて進展するスリルもある。一句に対する付句は、ある意味で無限の可能性を秘めている。そこに連句のつきせぬ興味もあるわけである。「連歌は思ひもよらぬ方へ移りもて行くこそ興あるものなれ」（『宗教教書』）といわれる。

捌きはまた、一座に対する宗匠の指導性ということである。付けあぐんでいる連衆に適切な示唆を与えたり、出された付句の採否を決めたり、機に臨み、それぞれの処置を下す。捌きの善し悪しが連句の出来を左右する。しかし、捌かれる連衆の力量が問われていることはいうまでもない。筆者自身、同じ教材、同じ教材解釈によって、いろいろな学級で授業を試みることがあるが、その成果は、学級の集団としての質によって雲泥の差をきたすことも稀ではない……。

芭蕉は、

木のもとに汁もなますも桜かな

という発句にいささか期待するところがあり、三度、この発句をもとに歌仙を巻いている。一は伊賀蕉門の連衆と八吟（八名）で試みたが思わしくなく、日をあらため、再度試みたがやはり不満で、次には連衆をかえて近江蕉門の連衆と三吟を試み、ようやく満足する一巻を得て、七部集の『ひさご』に収めている。授業は「生きもの」といわれる。たとえ同じ教材、同じ教案でも、授業は試みるたびに違ったものとなる。教案を立てても、教案どおりに授業を運ぼうと考えるな、相手がある授業、つまり教案を超える授業になることこそが理想である。まさに授業も「思いもよらぬ方へ移りもて行くこそ興あるものなれ」といえよう。教師の意図をも超えて授業が展開するとき、そこにドラマのある授業が立ち現われる。

7　三十六句みな遺句

連句における発句は、漢詩における起承転結の構成法をたとえにしていえば、起句に当たる。そして第二句は承句、第三句は転句ということになろう。しかし、第四句以降は三十六句の挙句に至るまですべてが転句の性格をもっていて、結句はないと考えてよさそうである。他の文芸作品には結末がある。しかし連句にはそれがない、と考えたい。もともと解釈というものは、「けり」をつけられるものではない。芭蕉も「三十六句みな遺句《やりく》」という。結末の挙句と言えども「遺句」と考えるべきである。とどまるところを知らず、ただ前へ前へと「歩け」ということである。

8　格に入り格を出でよ

俳諧には、もともとは式目などはなかった。めんどうな式目に縛られた連歌の座の息抜きに楽しまれたものであったから、式目のないのも当然で、自由なこだわりのないところが俳諧の本来の姿であった。ところが、俳諧が連歌から独立するようになるにつれて、ルールを求める声も高まり、式目が生まれてきた。連歌が衰えたのは、式目本来の目的が忘れられ、わずらわしいまでに細目化した規定が、創造の自由を縛ったことにあった。俳諧が芸術の域にまで高められて、芭蕉の時代、再び俳諧が前車の轍を踏みかねない事態に陥った。芭蕉は「格に入り格を出でよ」という精神に基づき、古式に対して「用いてなずまず」の態度をとったのである。「差合」「指合」とか「去嫌《さりきらい》」ということは式目の中心をなすもので煩雑になったが、芭蕉は「差合も事は時宜にもよるべし。まづは大かたにして宜し」といい、「差合の上手と云はれんよりは、俳諧に上手のかたあらまほし」と説いている。付合にあたって、指合の規定を記した文書を比べるという習わしまで生まれてきたことに対す批判でもあった。

「集団学習」の名のもとに、発言にかかわるいろいろな取り決めがなされ、それに従って話し合いが進められるという授業風景がときに見られるが、得てして形式主義に陥り，話し合いはルールに従って活発にやりとりされているにもかかわらず、話し合いの質は少しも深まらないという授業が見られる。話が堂々めぐりして質的な高まりのない授業は、いくらルールどおりにうまくいってもつまらない、と芭蕉なら批判するであろう。

教室の黒板に発言のタイプを列記した紙を貼って、それに従って発言するように指導している学級をときに見かける。連句にたとえれば、式目に一々あわせて付句を撰ぶという類いのものといえよう。式目を生み出した本来の目的は、「付け」「転じ」によって変化をともなって発展することに「ねらい」があったはずである。前者の発言に対して不離不即、前者を活かすことで自分をも活かすという連帯・共生の精神こそが、連句の本質に添い、また授業の本質にもかなうものと考える。

9 芭蕉『おくのほそ道』における「共生」の精神

連句の世界、つまり連衆における「共生」の精神がいかなるものであったか、そのことを具体的に見るために、芭蕉『おくのほそ道』の「平泉」の段を引き合いにしたい。（歌仙そのものを引き合いにすべきであろうが、むしろ芭蕉が連句以外の場においても歌仙の精神・共生の精神を、如何に発揮しているか、その典型例として紹介したい。）

平泉　三大の栄耀《えいよう》一睡《すい》の中《うち》にして、大門の跡は一里こなたに有《あり》。秀衡《ひでひら》が跡は田野に成て、金鶏山のみ形を残す。先高館《まづたかだち》にのぼれば北上川南部より流る、大河なり。衣川《ころもがわ》は和泉《いずみ》が城《じょう》をめぐりて、高館の下にて大河に落入《おちいる》。泰衡《やすひら》等が旧跡は、衣が関《せき》を隔て、南部口をさし固め、夷《えぞ》をふせぐとみえたり。偖《さて》も義臣すぐって此城にこもり、功名《こうみょう》一時の叢《くさむら》となる。「国破れて山河あり、城春にして草青みたり」と笠打敷《うちしき》て、時のうつまで泪《なみだ》を落し侍《はべ》りぬ。
夏草や兵《つわもの》どもが夢の跡
卯《う》の花の兼房《かねふさ》見ゆる白毛《しらが》かな　　曽良

兼《かね》て耳驚したる二堂開張す。経堂は三将の像を残し、光堂は三代の棺を納め、三尊の仏を安置す。七宝散りうせて玉の扉風に破れ、金《こがね》の柱霜雪に朽《くち》て、既頽廃空虚《すでにたいはいくうきょ》の叢《くさむら》と成べきを、四面新に囲《かこみ》て、甍《いらか》を覆ひて雨風を凌《しのぐ》。暫時千歳《しばらくせんざい》の記念《かたみ》とはなれり。
五月雨《さみだれ》の降《ふり》のこしてや光堂《ひかりどう》

この「平泉」の段は、「夏草」の句によって広く知られている。戦前の中学の教科書にも掲載され、戦後の今日でも、中学国語の定番教材となっている。しかし、いずれの教科書も、「夏草」の句の所までで、なぜか曽良の「卯の花」の句はカットされることが多く、「光堂」のくだりも外されていた。おそらく、「高館」と「光堂」とは、場面が違うということで二分したのであろう。また、曽良の句は芭蕉に比して格段に格の違いがあるということでカットしたのであろう。（いずれも心ない仕業であり、筆者は、後述する理由によって、そのことを批判した。結果、今日では、いずれの教科書も「平泉」の段は全文掲載するようになった。）

平泉の段の三句を列記する。

夏草や兵どもが夢の跡
卯の花に兼房見ゆる白毛かな　　曽良
五月雨の降のこしてや光堂

筆者は、著名な芭蕉研究者の「おくのほそ道」論のほとんどに目を通してみたが、芭蕉の「夏草」の句と曽良の「卯の花」の句を、「二句一連」のものとして扱った論考は、わずかに一篇であった。さらに「光堂」の句まで入れて、「三句一連」のものとして論じたものは皆無である。『おくのほそ道』は、歌仙の構成をふまえて構想されているということは、多くの研究者の言及するところである。にもかかわらず、前述のように場面を二分しているのである。明らかに、この三句は、芭蕉の俳諧精神から勘案しても、連句の構想として「三句一連」としておさえるべきものである。（著者の「三句一連」論は『西郷竹彦　文芸・教育全集』恒文社、第一一巻「文芸の世界　古典文芸」に詳しく論じている。その論旨をかいつまんで紹介しながら、本稿のテーマである「共生」について論述したい。）

『おくのほそ道』での芭蕉と曽良の関係は、旅の同伴者というよりも、むしろ歌仙の連衆と考えるべきであり、「平泉」の段における両者は、二人で交互に句を付け合う「両吟」を試みた、というべきであろう。あえていえば、「夏草」の句は、芭蕉の発句であり、「卯の花」の句は、発句に対する曽良の「脇」（二の句）であるというべきである。（発句は歌仙一巻を方向付けるものであり、たいていの発句は宗匠である芭蕉が出す。それに弟子の曽良が脇を付ける。それをさらに受けて芭蕉が三の句を付ける。まさにこれは「両吟」である。このあたりの「情景」を、見てきたように「再現」してみよう。）

芭蕉は、弟子の曽良を伴って高館にのぼる。曽良君見たまえ、あの栄耀を極めた藤原一族のあとも今はただ、茫々たる夏草の茂る叢になってしまった。義経主従も、自決し、すべては夢となってしまった。まことに悲しいことである。すると、それを受けて弟子の曽良は、先生、おっしゃるとおりです。本当に夢の跡になって、唯夏草が茂るのみ。中国の詩人杜甫が「国破れて山河あり」と歌ったのは、このことですねえ、と相槌を打つ。でも宗匠、こうやってあたりを見回すと、卯の花が今を盛りと真っ白く咲いていますね。あの花を見るにつけても義経に殉じて討ち死にした老武者兼房の白髪頭《しらがあたま》の面影が見えるではありませんか。人の心の誠は消え去るものではありませんねえ。やはり、人の心の誠は、この卯の花の白いイメージの中に、たとえ面影とはいえ、まざまざと見ゆるではありませんか。

ここで「夏草」の「草」に対して、曽良は「卯の花」の「花」を付けている。この「付け味」をみてほしい。付かず離れずの「脇」といえよう。杜甫の「草木深かし」を、芭蕉は「草青みたり」と言い換えている。この主体的な「引用」もみごとであるが、その「青」のイメージをふまえて「夏草や」とした。さらに曽良は、その「青」のイメージに配するに「卯の花」の「白」を付けたのである。また「夏草や」と切れ字を置いたのに対して、「卯の花に」と受けている。この付かず離れずの付け味というものを味わってほしい。

また「兵ども」と言ったとき、読者は複数の義経一党をイメージするであろうし、藤原一族のイメージも重なるであろう。それに対して「兼房」と言う個の、しかも固有名詞をもってきている。ここで若武者義経の姿と老い武者兼房の姿がオーバーラップする。みごとな付け味である。（連歌では、固有名詞の反復を嫌う。）

芭蕉は、曽良の「脇」（二の句）を受けて、次の三の句を付ける。

五月雨の降りのこしてや光堂

「卯の花」に対して「五月雨の」と受ける。「夏草」「卯の花」「五月雨」、いずれも同じ夏の季語である。付かず離れずの「草」「花」「雨」の移りに目をとめていただきたい。また「兵ども」「兼房」と人事が続くことを受けて、芭蕉は「光堂」と転じたのであろう。ところで光堂は宗教的施設ではあるが、むしろここでは、美の殿堂・芸術の殿堂ととるべきであろう。藤原一門はあの豊かな財力で都から優れた芸術家たちを呼び寄せ、贅を尽くして、光堂を建立した。光堂は藤原一門の権勢の象徴でもあったが、信仰の対象であり、なによりも芭蕉にとっては芸術の殿堂・美の象徴であった。そこには精魂こめて建立した仏師たち、芸術家集団の面影が秘められている。義経や兼房、また藤原一門の武人たちに寄せる思いから、芸術へと視座を転じたところに、俳諧師としての芭蕉の心がしのばれる。

曽良の「日記」によると、初出は「五月雨の年どし降りて五百たび」であった。芭蕉がここを訪れたときは、光堂はその建立からすでに五百年の歳月が過ぎていた。五百年の間、年々歳々降り続けてきた五月雨はすべてを風化し、頽廃の極に追いやった。この歴史の風化作用にも耐えて、光堂は芭蕉たちの眼前に燦然と輝いているのである。高館の夏草を芭蕉は「功名一時の叢となる」と、武門の功名・権力のむなしさ・はかなさを嘆いた。しかし、曽良の「卯の花」の句を受けて、ここ中尊寺では「既頽廃空虚の叢と成るべきを」「千歳の記念とはなれり」と、芸術の永遠性をうたっているのである。

10 歴史と文芸における弁証法

「夏草」の句を、世人は人の世の無常をうたったものと見がちである。たしかに、高館の場面だけを取り上げ、この句のみに目をやれば、「無常」の思いにかられるであろう。しかし、芭蕉は、曽良の句をふまえ、高館の感慨をも超えているのである。芭蕉は歴史のなかに滅び行くものと、永遠に滅びぬものとを、見つめているのである。芭蕉は曽良の句を媒介として、武門の功名は「叢」とはなっても、芸術は決して「叢」とはならず、永遠の「記念」となることを確信し、そのことをうたったのである。武門の「功名」（権力）は滅びても（「叢」となっても）、信仰と芸術は永遠である。（「叢」とはならず、「千歳の記念」となった。）それが芭蕉「おくのほそ道」平泉の段の思想である。

これまで芭蕉の研究者は、この三句を一連のものとしてとらえていない。しかし芭蕉主従を連句における連衆として、また、この三句を両吟としてとらえ直したとき、ここに歴史の弁証法がまざまざと見えてくるのである。また、文芸というものにおける「変化をともなって発展する反復」という虚構の方法のもたらすものが歴然としてくるのである。

11 蕉風連句の「共生」の思想

付句は、前句の本意をとらえながら、前句の作者の思いもよらぬ発想の句が付けられることで、前句も生かされ、同時に付句も生かされる。前句の作者にとって、付句は予想もできない「偶然」という以外にない。しかしみごとに付句が決まったとき、それは「必然」となる。(「卯の花」の曽良にとって、芭蕉の「五月雨」の付句は予想を超えるものであろう。)付句の作者にとっても、前句は予期せぬものであり、いずれにしても、それは「偶然」というほかない。にもかかわらず、両者が共に生かされるのは、「相関性の原理」によるものといえよう。ところで、偶然の必然化は現代芸術の課題の一つでもあり、いわば蕉風歌仙のありようはそれを先取りしたものであった。もちろんそこには、宗匠としての芭蕉のみごとな「捌き」(指導)があってのことである。(芭蕉の参加した歌仙と、参加しなかった歌仙とは、そのできばえに大きな差がある。)

連句の運びには停滞がないよう、変化・発展することを意図して、前述のように式目(ルール)が設けられている。付けの心得として、付けながら、転ずることがめざされる。マンネリになることを避け、歌仙の歩みに停滞の生じないようにという配慮である。(集団芸術創造の陥りやすい偏向を避けるための賢明なルールといえよう。)

芭蕉がめざした歌仙の世界は、相手を生かすことが即、己を生かすことになる、まさに「共生」の世界であった。その一つのみごとな実例として、芭蕉『おくのほそ道』の平泉の段の芭蕉と曽良の「両吟」を紹介した。そこには、相手を生かすことで自己も生きる、「生かし生かされる」という連衆の「共生」の精神がみごとに実現している。

ところで、俳諧(連句)について考察するにあたり、正岡子規の「発句は文学なり、連俳は文学にあらず」という批判が問題となろう。子規は、付合にはたらく「知識」を非文学的要素とみたからである。もっとも、蕉門においても「付けると付くとの差別」を言う。「作分別《つくりふんべつ》にて付けるゆえに理屈に落つるなり。付くといふは自然に付くなり」（宇陀法師）という。子規の文学観は、連句の付合を認めない。文学を「感情」の表現とする子規は、作者個人の感情を純粋に表現できるのは前句を顧慮しないですむ発句（一の句）だけだとして、近代化の対象をここに絞った。しかし、知的に洗練された言葉のセンスを容認しない文学観は、あまりに素朴すぎた。すべての芸術が本来的にもつ〝あそび〟の要素を閉め出したところに、近代文学の不幸が始まった。子規に代表される近代文学観は作者個人の自我を尊重するあまり、集団芸術としての座の文学の可能性を否定してしまった。

この機会に、筆者はあらためて連句の現代芸術としての展望、また「共生」（そもそも共生とは、筆者の主張する相関性の原理である）の新たな可能性について、考察を深めたいと考えている。

12 連句より連詩へ

現在、詩人の大岡信らによる「連詩」という試みがなされている。日本の詩人・俳人たちのあいだだけではなく、外国の詩人たちとのあいだにおいても「連詩」が試みられ、興味深い例が報告されている。現代詩の閉塞状況を打ち破る一つの突破口となるやもしれぬ。一つだけ興味深いエピソードを紹介しておきたい。外国の詩人たちは、一座のなかで連衆に背を向け、一人密かに作詞するという。座のなかでの創作に抵抗があるらしい（日本の詩人の場合も、事情はさして変わらないようであるが）。まさに文芸創造とは「密室における個人の密かな営為」とされてきた。ここには文芸創造ということが、あくまでも自己の、個人の、自我の探求と考えられていることの、象徴的な姿がある。

連詩の試みは始まったばかりである。連句の思想を現代に蘇らせる試みとして、その行方を見守りたい。

13 相関原理に立つ芸術と教育の現代化

日本における近代文学（自然主義文学）が、「私小説」という形をとったことは周知のところである。自我の探求、自己の発見、自己の確立、ということが、「私小説」においてのテーマであった。その典型的なありようが、封建的な家父長制の「家」からの解放、自立ということであった。しかし「家」よりの解放が、結局は、自立どころか、自己の破滅をさえもたらすものとなった。「家」からの解放自体が、そのまま自己の確立につながるとはかぎらない。

他との対立としてだけ自己を措定することは、しょせん、自己矛盾に陥るほかないであろう。自と他との相関性の原理に立ってこそ、真の自己の確立も可能であると考える。文芸創造の現代化、また教育の現代化というとき、あらためて芭蕉が切り拓いた「座の文芸」としての俳諧（歌仙）のあり方——他者を生かすことが即自己を生かすことになる——が、今こそ問われるべき時であると思う。

第9章　感性の教育

北原眞一

1 内なる声をきく

画一主義とか個性の尊重だとか、教育の論議は盛んである。いまさらうんぬんするまでもなく、子どもの実態をつかみ「個」を尊重する姿勢がたいせつだと思う。今の子どもの悩みを聞いて、子どもが自分の弱さに気づき、やがて自我の確立をめざすというような配慮が必要ではないか。

人間としての弱さということでは、T君は幼年時に読んだ斉藤隆介の『モチモチの木』が忘れられないという。一人で小便に行けない豆太の心情がわかるのだという。T君もどちらかといえば臆病で、一人で留守番もできないほどであった。深夜一人でいると、神経が高ぶり妄想に取りつかれる。妙な想像力がはたらく。それをT君は自分の弱さと言ったが、実はこのような繊細さは、人間が人間であるがゆえに有している劣等感とか羞恥心とかと同質なものだと思われる。時間を経て、それらが自然に解決されるのが望ましい形であって、教育がなんらかの圧力で、性急に自立を促すとしたら、それは邪道ではないか。もともと教育はじっくり、ゆったり醸成されるものであって、いたずらに刻苦勉励すべきではないと思うがどうだろうか。

感性の教育は、人が本来有している「自然さ」を損なうことなく、心豊かな人間への成長を促すものだと思う。それはルソーの言う〈万物をつくる者の手をはなれるときすべてはよいものであるが、人間の手に移るとすべてが悪くなる〉ということなのか。自然に育てるということが現状ではほとんど不可能になっているところに、現代を生きる苦悩があるのではないか、それを強さで克服したり競争の原理を持ち込んできたりすると、心の豊かさは育成しにくくなる。

「何か失敗すると、悲観してしまう私。どうしても他の人の目を気にしてしまう。たしかに私は他の人と考えが違うところもあると思う。本ばかり読むのもそのせいかもしれない。でも、別に話が合わなくともわかってくれる友だちがいるし、二人だけで話すこともある」という中学二年女子の文を見て、「二人だけで話す」そこに安心感をもつというところに、今の子どもの一つの姿がある。自分だって十分にふつうだと思わざるをえないところに気持ちが閉ざされた部分があって、これを社会への不適応と早急に思ってはいないだろうか。こういうふうに冷静に自分を見つめられる子どもは、しっかりしている。率直に自分の気持ちを書き表わす子ども。それは、相手を信頼するといった感性の最たるものだろう。

たしかに、教育とは教え育てるということ。けれども一方的に教え込む。それも知的なものは教え込む必要があるであろうが、生き方に対して説教をしたりすると、反発をかう。まずは内なる声を聞こうではないか。

「誰かがいじめられているのをみて、かばおうとすると、自分にいじめがまわってくる。だからつい自分もいじめる側についてしまう」とSさん（中二女子）は述懐している。これなどは、身近ないじめの構図だろう。集団と個の関係が未成熟のままで、物質だけが豊かになり、心のゆとりがもてない社会が形成されたなかで、学校もまた、人と付き合うのに困難な場所になった。学校ぐらいは、波風のたたない「聖域」であってほしいという願いが、霧消したのは、どうしてだろうか。それは、学校がきわめて感性が培われない土壌になってしまったからだろう。

Sさんの処世術は偽らざる本音だろう。『モチモチの木』の豆太の心情がわかったという前述のT君は、校庭の隅にある砂場で同級生の男の子たちが、大勢で一人の女の子を砂に埋めているのを見た。そのときT君は、「その場にいて、見ていたけれど手は出さなかった」と言った。いじめの現場に居合わせたが加担はしなかった。私はT君の〝告白〟を聞いて「どうして、みんなにやめろと言わなかったのだ」と言った。見ていたことが、それも行為ならば、手を出さないけれど、やめさせることができなかったT君は、正義感がないということなのか。いまやおとな社会でも、正義が順当に評価されることがなくなった。「やめろ」と言ってその場を制すことは、多くの子どもの言動としては不可能であろう。T君はこらえていた。人の気持ちの中に矜持というものがあるとすれば、T君がこらえていて、手を出さなかっただけ、自分は正義感が強かったのだというだろう。ある友人はT君を弱虫と言った。勇気がないと言った。仲間と協調できない変わり者だと言われた。仲間と一緒に行動できないと言う、それを規制しているのが感性ではないか。たとえば芥川龍之介の小説『くもの糸』に対する子どもたちの反応をみると、そこにはさまざまな思いがあっておもしろい。

「カンダタは他の罪人と一緒に地獄から助かりそうになった。ところが自分一人でも切れそうなくもの糸。ぞろぞろ登ってくる罪人に「降りろ、これはオレのものだぞ」といった。そのとたんに糸が切れた。自分勝手の考えだけでなく、みんな助かりたいのだから「そうっと登ってきてくれ、みんな協力して登っていこう」とかいえば、何とかくもの糸は切れずにみんな地獄から脱出できたのではないか。」（中二男子）

「みんな」と「自分一人」――集団と個のかかわり方がよく表われていると思う。「そうっと登ってきてくれ」などと気遣うあたりに、この子どもの処世術があるのだろう。

「私はカンダタが他の人に「おりろ、おりろ」といったのがいけなかったのだと思う。だから人間は思いやり、温かい心が大切だと思う。でも、私もカンダタと同じように欲が出てしまう。だから自分も思いやりをもって生きたい。」

「糸が切れてしまったのは、カンダタが「この糸は俺のものだ。だれにのぼっていいというしょうだくをえた？」という思いやりのない言葉をいったせいだと思う。自分のことばかり考えて人のことを考えない。その気持ちにおしゃか様がおこられたのだと思う。他の人たちを助けたいとまでは思わなくても、登ってきた罪人たちの気持ちはわかっているはずだから、切れてしまったら、その時はその時と心に決めれば、こんなことにはならなかったと思う。」

このような文を見ると、子どもの気持ちがわかる。思いやりなどいう、よくいわれる人間らしい、人間関係を理想的な概念でとらえているところに、問題はありはしないか。概念は感性とは異なる。

この二つの文章の中で、「だから自分も思いやりをもっていきたい」という意志のある子どもに「そんなことはムリだよ」とは言えない。が、「それはいいことだ」、と言いながらも、そうしなくてはいけないといって、言ったことに責任を果たせというと、その子を窮地に追いこんでしまう。子どもに対応することは、子どもの自己確立を助けることであるから、自立しようとしている気持ちを汲みとってやることだろう。

「その時はその時」というのを刹那主義だとか他力本願と片づけてしまうのも、どうかと思う。なかには「自分の手元で糸を切る。そうすれば自分だけは助かる」というのもあって、これを一言で、「利己主義」と言っていいのだろうか。何々主義というのは、感性の教育にはなじまない。

「ぼくだったら、自分だけ助かりたいから、糸を切ってしまうけれど、カンダタは切らなかったから、しんから悪い人じゃないと思った」という生徒もいる。カンダタは悪くない。むしろ人間として至極当然の行為だというのだろう。「おしゃか様はカンダタの気持ちをためしたのだ」とか「おしゃか様も糸を一本しかたらしてくれないなんて、ずいぶんケチだと思う」とか、考えは多岐多様。カンダタは「子ども」、おしゃか様は「おとな」という構図ができる――そう考えると、子どもが大人に対して全面的な信頼感をもちえていないという、深刻な問題に突き当たるのは、私だけのペシミズムだろうか。『くもの糸』が内蔵している主題に迫るのは、容易なことではない。もし、感性でとらえるとしたならば、切れたくもの糸が風に揺れている空虚なイメージではないだろうか。

2 内に秘めたるものを掘り起こす

中学生の時代に豊かな感性を育てることは、そこが豊かな、人間性の基盤となると思うからで、多様な〝価値〟を投入することはよいことだという私の〝信念〟にゆるぎないものがあった。〝価値〟を投ずると、とかく拒否反応を示す。それが容易に遂行できるというのは関係が成り立っているからであろう。そうして意外にも、そこには不安をもちながら、投げた玉がストライクゾーンぎりぎりであったりする快感がある。要するに子どもは信じていいものだという考えに立脚すれば、子どもの心は開かれ、思わぬ成果があがる。

折りとりてはらりとおもき芒《すすき》かな　飯田蛇笏

この句に対して「なんでもないそこらに生えている芒は、とても軽そうに風にサワサワゆれていて、今にも折れてしまいそうだ。そんな芒を手折ってみると、意外にも重い。生命の重みみたいなものを感じる。人間の命もそうだと思う。芒をおってみて、ああ自分もいきているんだなあって、なんか小さな生きる力を感じたので、ぼくはこの句が好きである」（中三男子）。一句の中に人生を探っている。中学生でもこんなに真摯に人生をみつめているのか。いや中学生だからこそ、まじめに人生を見つめている。「いつも軽そうに風になびいている芒。折り取ってみると意外にも重い。いつも軽そうに考えていることでも、良く考えてみると、意外と重いものでもあるんだと感じた」とSさんはいう。〝意外〟という驚きも感性の仕業か。

しずかなる力満ちゆき螇蚸《ばった》とぶ　加藤楸邨

「ばったは何かの目標に向かってじっと神経を集中している。その目標を達成するために自分の力を最大限に爆発させてはじめて目標まで到達することが出来る。ぼくも走り高跳びをやっていてバーに対する気持ちは、このバッタのように、さあ跳ぶぞという気持ちになる」と陸上部のM君。

もしかしたら、いや確実に、子どもは豊かな感性を内蔵している。ただそれを誰がボーリングするか。それは大人の側に委ねられているのかも知れない。知識を与えることはする。技も教える。けれども内に秘めたるものを掘り起こす仕事は手抜かりになってはいないか。

ひた急ぐ犬に会いけり木の芽道　中村草田男

「犬とすれ違ったとき、作者は全身で春だということがわかっていて、それがうれしくて、道を行く足もひたすら急ぐのだと思う。のびのびした感じで情景を想像すればするほどほのぼのとしてくる。」（三年女子）子どもの生活にゆとりを持たせたいと思う。人生のレールの上を「ひた急ぐ」のでは、まわりの景色も見えない。〝道草〟をする楽しさをも味わせたい。

月の前しばしば望みよみがえる　加藤楸邨

「私は、今とても悩んでいる。暗い気持ちだ。だれにも話相手になってもらえないので、月に話しかけている。そうするとなんとなく、自分の気持ちが落ち着いて明るい道が開けてきそうだ。何事にもめげず希望を持ってがんばることだ」とA君はこの句に自己投影している。作品をとおして自己の意志表明をしているのであろう。

しんしんと雪降る空に鳶の笛　川端茅舎

「この句はしんみりした感じがする。雪降る空と鳶の鳴き声がマッチして、すきとおるようなイメージを作っている」とY君は言う。「しんしんと雪が降っているのに、空には鳶が鳴いていると言うのは静けさが漂っていてさびしい。鳶も一羽なのだろう。作者の孤独感が伝わってくる」とO君は言う。

この頃の子どもは〝孤独感〟というのに敏感だ。とくに受験という試練に向かうときは、自分自身を見つめる。そこに孤独な自分がいることに気づく。次のような種田山頭火の句がわかるというのは、感覚的ではあるにしても、子どもの感性は豊かだと思うのである。

しょうがない私があるいている　山頭火

「作者が自分で自分のことをしょうがない、といっているのがいいと思った。なんだか私のことを言われているような気がした。自分自身をしょうがないなあ、バカだなあと思ったとき、ぽつりといってしまいそうな句だと思った。」（三年女子）

「しょうがない、というのは何がしょうがないかよくわからない。私も自分がいやになることがある。そういうことを自分の感じたままに表現していて、俳句なんだか、俳句じゃないのかわからないところがいいと思った」とTさん。

咳をしても一人（尾崎放哉）の句について。

「私は最初のイメージでは「オホンと自慢しても自分一人しかいないのでつまらない」という意味かと思ったが、みんなで話し合っていて「やりきれないほどの孤独感ということになりなるほどと思った。」（三年男子）

〝孤独〟こそ、感性のヌカ床か。まずもって「独を楽しむ」心境でなくてはならないだろう。

「小人閑居《しょうじんかんきょ》して不善をなす」（論語）という。ここでいう小人とは子どものことではない。つまらない人というほどか。その小人は、ヒマがあるとろくなことを考えない。それに対して「君子は必ずその一人を慎む」ものだという。君子は人が見ていなくても、自分自身の道徳性に照らして自分を律す。それを感性としてとらえると独を楽しむということになろうか。

3 心が澄んでいくということ

教育でたいせつなことは、生命に対する慈しみの気持ちをもたせることだろう。慈愛の気持ちは〝生命〟に接したときに顕著にあらわれる。それだから生き物を飼うということは子どもにとって、その生き物が無言の教育者になる。それこそ感性の教育者なのである。

一本の骨かくしゆく犬のうしろよりわれ枯れ草をゆく　　寺山修司

「一本の骨をかくしながら犬はうれしいだろう。それに比べて、一人枯れ野を行く自分は何か考えことでもしているのだろう」とMくんは言う。M君は幼いときから犬を飼っている。

〝対話〟をしていると犬の話が出る。うれしいのだろうと思うのは、犬の開放感だろうが、それとは対称的に人には閉塞感があるのだろうと話すと「犬だって、骨をかくそうとしている」とM君は言った。

耐え難くひびき来るなり夜の庭にいつまでも犬の骨かむ音　　岡野弘彦

については、「最初は「犬の骨かむ音」というのは、人が犬の骨をかむのかとかと思って恐ろしかった。けれども、犬が骨をかむ音だとわかった。」とK君は言う。子どもの好むものとしてオカルトがあるから、その発想だろうか。

寒くなりガードの下に臥す犬に近寄りてゆく犬のありけり　　斎藤茂吉

「ぼくはこの短歌を初めてみたとき、寒くなったガードの下に犬がいて、その犬に近寄っていく犬がいる。ただそれだけだと思った。でもなぜかこの歌は頭からはなれない。作者はこの犬を通して何かを伝えたがっているると思った。ぼくは「寒くなり」という表現でさびしいという感じを受けた。それからガードの下というので暗い感じを受けた。そして犬が寝そべっている。この犬は捨て犬だろう。年を取って役に立たなくなった。

それで捨てられた。人間は自分勝手なことばかりやっている。ぼくは何もして上げられないが、犬どうしはお互いに通じ合うものがあるのだろうと思った」とY君は言った。〝ぼくは何もしてあげられないが〟ということは、彼が感性としてとらえているからであって、こういう問題に突き当たることが子どもには多々あると思うが、ここで行動に出ない子どもを責めてはいけないと思う。すべて行動にあらわさなくては、価値のある収得にならないとしたら、感性は育ちにくくなる。そこに道徳性と感性の微妙なズレが生じるのだと思うが、どうか。

たとえば、親子兄弟家族愛などは、仲良くしなければいけないと思いながら現実の暮らしのなかでは亀裂があって、ことが表面化してくると、その処理はぎごちなくなる。万葉の時代、山上憶良が父性愛を詠んだ一首に、

銀も金も玉も何せむにまされる宝子にしかめやも

がある。さらに憶良は

瓜食《は》めば子ども思ほゆ栗食めばましてし偲《しの》ばゆ
　いづくより来たりしものぞ眼交にもとな懸かりてて安眠し寝さぬ

と詠んだ。おいしい物を食べれば、子どもに食べさせたいと思い、子どものことが心配で安眠できない……と憶良が言う。「ぼくはサイクリングをする。そのときいろいろなものを食べるが〝これはうまい〟と思うと、それを妹に食べさせたいと思うことがある」とH君はけなげなことを言った。ふだん気づかない感情が、古典を学ぶことで掘り起こされる。

　わが背子を大和へやるとさよふけて暁露にわが立ちぬれし　　大伯皇女

「明日はもう弟が死んでしまうかもしれないのを悲しんで、夜が明けるまで弟を見送っている。今でも昔でもきょうだいや親までも殺してしまう事件があるのに、この姉弟はとても仲がいい。私はこの歌をみて心が澄

んでいくように思った」とKさん。

百伝う盤余の池に鳴く鴨を今日のみ見てや雲隠れなむ　大津皇子

「明日は殺されてしまうというのに、あわてないで鴨をみている。もう明日は鴨を見ることはできない。大津皇子の心の中には、死に対する恐怖がないのだろうか」とS君は言う。

大伯皇女と大津皇子は姉と弟。大津皇子は謀反のかどで、二四歳の若さで処刑される。若くして死に臨んだにもかかわらず、この一首に表現された心境は澄んでいる。

「わが背子を……」の大伯皇女の一首に対しても「心が澄んでいくと」受けとめた生徒がいる。感性でとらえるというのは「澄む」という感覚でもあるのだろう。

うつそみの人にあるわれや明日よりは二上山を弟とわが見む　大伯皇女

この世の人間である私は、明日からは二上山を弟と思って見ることだろうか、というほどの歌意であろうか。大津皇子を二上山に葬ったときの一首である。

「姉は弟が亡くなったことをすごく悲しんでいることがよくわかる。二上山を弟と思うのはそれだけ好きだったのだと思う。私も弟を大切にしようと思った」素朴な感想だと思うが、感性はそれが表現をゆだねられたとき、問題にぶつかる。つまり、よい感じ方をしていても、それが十分表現できないと相手に伝わらないのである。

4　まだ見えぬ豊かなものを揺り動かす

感受性が鋭いとか、感覚的であるとかの感じ方そのものは、人が生きていくためには、そのことで人生が豊かになるであろう。けれども教育のなかできわめて個性的ないわゆる〝感得〟を〝教える〟などというのは不可能である。それは漢字を覚えさせるとか、計算の仕方を教えるとか、物質の性質や生物の発生や化石を調べるなどとは、自ずから異なる次元なのだろう。

音楽では感性が大事だからといって、幼いときからヴァイオリンを弾かせたりする。こうみてくると、感性は教えることではないにしても、感覚を刺激することで、陶冶されるものなのか。人間が他の動物と比較して「秀れている」としたら、それは言葉や文字をもち、想像力を駆使できることだろう。そうだとしたら、そうした機能を最大限に活用することで豊かな人間性が期待される。感性に委ねられた、「人間らしさ」のある人間が期待できるのではないか。そうしてそれは、往々にして「出会い」に起因する。人との出会い、本との出会い、自然との出会い。そもそも感性を培うなどということが可能なのか。もともと、生来持ち合わせているものなのかは定かではないが〝感性〟を意識するのとしないのでは、歴然とした違いがあるだろう。〝まだ見えぬ豊かなもの〟を揺り動かすのか、眠ったままにしておくのかでは、人生における楽しさが異なる。言葉や文字を使い、想像したものを表現できる楽しみを〝満喫する〟というのは人間の〝謙虚なる特権〟ではないだろうか。

感じ方と表現には微妙なずれがあって、その限りでは、感性の本質をとらえるのが難しい。だからといって、表現力をつけないと感性がとらえられないのかというと、そうでもないことが、筆者にはおぼろげながらわかったような気がする。俳句や短歌に出会ったとき、いわゆる〝感想〟ばかりをあげたことが気になったが、それは、切り詰められた言語の中に秘められた要素をさぐりイメージさせることの〝おもしろさ〟があると思ったからである。

もちろん、文学の多くのジャンルのものに子どもたちは出会い、そこで忘れられないほどの大きな影響を受けるということも、これは必ずある。それほど、子どもたちの感性は、信用してもよいものなのである。その豊かな鉱脈をボーリングしないのは、むしろ大人側の怠慢ではないだろうか。

人は生まれてすぐ家庭のなかでの教育を受け、学校教育、社会教育と続くわけだが、それぞれの社会が明確に分離されているわけではない。それらが融合していることで、いわゆる円満な人格形成を期することになる。が、融合していて、分立していないことで、責任のなすり合いになる。たとえば、子どもの非行でも低年齢化がすすむと、それは家庭教育が悪いというように。また少年犯罪の原因などをさぐってみて、それは社会教育がなっていない、社会そのものが悪の温床で、それに抗するには相当の意志力がないといけない、などともいう。原因があって結果という歴史的な見地で、人間の成長を見ていくのでは、人が本来もっているだろうと思われる才能とか素地とかの発現をせばめてしまうだろう。どの〝教育〟においても「目に見えぬもの」について心しなくては、「豊かな人生への志向」は望めない。どの子にも慈しみの気持ちをもって感性をゆり動かすことができるような子どもとの接し方があるとすれば、それを慈育といってもいいだろう。感性の陶冶は慈育という発想であたることが似つかわしい。

第10章　障害児教育の現状と将来展望

牟田悦子

障害のある子どもへの教育は、教育の原点であるといわれてきた。それは、その子どもを目の前にしたとき、常に「何を教育するのか」「どのように教育するのか」という問いかけが必要になるからである。寝たきりで自分で動くこともできず、目も見えず耳も聞こえていないような最重度の障害のある子どもへの教育とは何か、重い知的障害と自閉症があり、動き回り、ことばを理解できない子どもへの教育とは何か。さらに、障害のある子どもへの教育は、障害の種類も程度も子どもによって異なるうえに、興味や関心の対象をはじめとして、これまでの育ちから生まれる個人差が大きいため、一人ひとりの子どもを知りその子に応じたユニークで創造的なはたらきかけが必要であり、子どもから出発する教育だからである。また、学習だけでなく生活や自立も含めた、まるごとの「人間を育てる」教育であり、保護者と協力して育てる教育であるからである。

知的障害のある子どもの施設「近江学園」や重症心身障害のある子どもの施設「びわこ学園」を開いた糸賀一雄は、「「この子らに世の光を」ではなく「この子らを世の光に」」と訴えた[(1)]（傍点筆者）。

しかし実際には、そのように考えているのは、障害のある子どもの教育関係者の一部だけであり、主流の教育では障害のある子どもへの教育はよく知られておらず、別の場所で、または学校の片隅で細々と続けられてきた、ほとんど顧みられない教育といっても過言ではなかっただろうか。それどころか、障害のある子どもへの虐待、いじめ、偏見、あわれみという態度は、人々のなかに根深く巣食っている。

そうした現状に対して、現在進められている特殊教育から特別支援教育への改革は、真の意味で障害のある子どもへの教育が、通常の教育を変える「光」になる可能性をもっている。すなわち、現在の学校のもつさまざまな課題に対する解決の糸口が、特別支援教育にあることが、具体的なかたちになろうとしている。それは、従来とは異なり、これまでは特別な教育の対象ではなかった、障害が軽度のLD（学習障害）、ADHD（注意欠陥多動性障害）、高機能自閉症等のある子どもに対して特別な教育がはじまることが大きな契機になっている。二〇〇五年の中央教育審議会初等中等教育分科会特別支援教育特別委員会による答申では、次のように指摘されている。(2)

「LD、ADHD、高機能自閉症等の状態を示す幼児児童生徒がいじめの対象になったり、不登校になったりする場合があり、それが二次的な障害を引き起こしているなどとの指摘もあることから、特別支援教育の推進により、いじめや不登校を未然に防止する効果も期待される。さらにこれらの幼児児童生徒については、障害に関する医学的診断の確定にこだわらず、常に教育的ニーズを把握してそれに対応した指導等を行う必要があるが、こうした考え方が学校全体に浸透することにより、障害の有無にかかわらず、当該学校における幼児児童生徒の確かな学力の向上や豊かな心の育成にも資すると考えられる。こうしたことから、特別支援教育の理念と考え方が普及定着することは、現在の学校教育が抱えているさまざまな課題の解決や改革に大いに資すると考えられることなどから、積極的な意義を有するものである。」

この特別支援教育とはどのようなものか、どのように教育の危機の克服に資する可能性があるのかについて検討する。

1 「障害」概念の変化

WHOによる国際生活機能分類(ICF)

特別支援教育は、その「支援」という用語にもあらわれているように、「障害」についてのとらえ方の変化の世界的な動向を背景にしている。

一九八〇年にWHO(世界保健機関)は、障害をそれまでの医学モデルに対して、心理社会モデルの観点からもとらえることを提案した。医学モデルとは、障害を身体機能・構造の異常、欠損ととらえて、治療、正常化をめざすとらえ方である。しかし障害は、医学的な意味での治療によって正常化できないからこそ障害なのであり、障害のある人は正常化をめざして常に異常な状態にあるということになる。医学モデルは、障害のある人は病者、異常者という固定的な見方を生むことになった。対する心理社会モデルとは、障害の心理的な側面である能力障害(disabilities)、社会的な側面である社会的不利(handicap)を強調する見方である。医学的な側面としての欠損(impairment)とともに、障害は三つの側面をもつという視点により、能力障害を改善する教育、社会的不利を改善する社会的な配慮や制度を重視する観点が拡がった。WHOはこれをさらに発展させて、二〇年後の二〇〇一年に、第五四回WHO総会において「国際障害分類 改定版」として「国際生活機能分類(International Classification of Functioning, Disability and Health)」を採択した。(3) 一九八〇年のモデルは、医学的障害から能力障害が生じ、さらに社会的不利が生じるという一方向的なモデルだったのに対し、ICFは「相互作用モデル」といわれ、その障害の新しいとらえ方は次のようなものである。

(1) 障害というマイナスの用語をできるだけ避け、生活機能の三つの要素(心身機能・身体構造、活動、参加)

が制約や制限を受けている状態ととらえる。それぞれを機能障害、活動制限、参加制約と呼ぶ。機能障害は、著しい変異や喪失といった、心身機能または身体構造上の問題、活動制限とは、個人が課題や行為を行うときに生じる難しさ、参加制約とは、個人が生活・人生場面にかかわるときに経験する難しさのことである。

(2)　生活機能の三つの要素は相互に関連し、さらに環境因子と個人因子という二つの背景因子と関連する。環境因子とは、ものや用具、自然などの物理的環境、人の態度、関係などの人的な環境、制度やサービスなどの社会的環境で、生活機能に促進的または阻害的に作用する因子である。阻害的に作用することによって制限や制約を生み出す。個人因子には、性別、年齢、生育歴、過去や現在の経験などが含まれる。

(3)　障害のある人を分類するのではなく、個人におけるこれらの要素や背景因子の状況を評価してどのような支援が必要であるかを理解する。障害だけでなく、病気、高齢、妊娠などすべての人の健康状況を評価する見方である。

障害者、健常者と二分するのでなく、障害は「支援のニーズのある状態である」というとらえ方であり、なおかつ医学的な意味での機能障害だけを見るのでなく、その人の人生場面を包括的にとらえる視点である。健常者にとっても、病気やけが、高齢、被災、被虐待など、支援のニーズが生じたとき同じ視点からその状態をとらえることができる。

「軽度の発達障害」というとらえ方

先進諸国では、明らかな重い障害への対応が一通り進み、軽い障害に関心がもたれるようになってきた。そのなかでも、学習障害、ＡＤＨＤ、アスペルガー症候群などの知的障害を伴わない広汎性発達障害は、最近、ＷＨＯによる国際疾病分類（ＩＣＤ10）や米国精神医学会による精神障害の分類（ＤＳＭ-Ⅳ-ＴＲ）などで、診断概念が整理され、広く注目されるようになっている。[(4)(5)] これらの障害は、脳の高次機能の障害で発達期（およそ一八歳まで）に顕在化する「発達障害」のなかでも、医学的な機能障害としては軽度のものである。しかし、活動や参加の面での制限や制約は、決して軽くはない、さまざまな問題が生じている。とくに教育場面では、読み書きなどの学習の困難、多動や攻撃性など行動面の困難、対人関係での困難をどう理解し、対応するかが課題となっている。

そして、最近の子どもたちにみられるさまざまな教育上の課題とこれらの軽度の発達障害から生じる問題は、峻別しがたい面をもっている。

２ 障害児教育の世界的動向

特別なニーズ教育

一九九〇年に、世界銀行・ユネスコ・ユニセフ・国連開発計画の共催によりタイのジョムティエンで開催された「万人のための教育世界会議」で、すべての人々に基礎的な教育機会を保障することは国際社会や国家にとって重要な責務であるというメッセージ"Education for All"（万人のための教育）が発信された。

さらに一九九四年にスペインのサラマンカでスペイン政府とユネスコの共催で開かれた「特別なニーズ教育に関する世界会議」において、「サラマンカ宣言」が採択された。宣言は、障害の有無によらず、一般的な指導では教育ニーズが充足できない特別な教育的ニーズのある子どもに対する教育が、これからの特殊教育すなわち特別なニーズ教育であるとしている。その対象には、障害のある子どもだけではなく、戦争地域や貧困地域の子ども、移民の子ども、ストリートチルドレン、また能力がやや低めの子どもや学習意欲の低下した子どもなど、従来の指導では学習の習得が困難な子どもまで含まれている。

インクルージョン教育

上に述べたサラマンカ宣言では、障害のある子どもへの特別なニーズ教育は「インクルージョン教育」として行うことを原則としている。インクルージョン教育とは、一般的な集団から排除せずに、「一般的な子どもと同じ場で教育すること」である。一部の人々を排除しない社会をつくるためには、学校自体が多様な子どもを包み込む社会であることが必要であり、そのためには学校の変革が必要であるとしている。

実際には、イタリアのように養護学校をなくして重度の障害のある子どもまで、担当の教師とともに通常の学校で受け入れる教育や、アメリカのように、できるだけ通常の学級で教育するが、一日の大半を特別な場で過ごす形態から、一部の時間に特別な場で指導を受ける形態、通常の学級の中で支援を受ける形態まで、多様なレベルのサービスを用意する教育など、さまざまなインクルージョンが行われている。いずれにしても、障害のある子どもを「隔離」するのではなく、同じ場で教育するためには、学校自体が変化しなければならない。

わが国の特別支援教育も、これらの世界的な動向をふまえて計画されている。

3　特殊教育から特別支援教育へ

特殊教育と特別支援教育との違い

文部科学省による「今後の特別支援教育の在り方について（最終報告）」[6]では、「障害の程度等に応じ特別な場で行う「特殊教育」から障害のある児童生徒一人一人の教育的ニーズに応じて適切な教育的支援を行う「特別支援教育」への転換を図る」とされている。そして、特殊教育の対象であった従来の障害に加えて、通常の学級にいる学習障害、ＡＤＨＤ、高機能自閉症等が特別な支援の対象となった。二〇〇五年一二月に発表された中央教育審議会による「特別支援教育を推進するための制度の在り方について（答申）」[2]では、盲・ろう・養護学校を特別支援学校として、地域の特別支援教育のセンター的機能を充実させること、特殊学級を特別支援教室（仮称）として、一日のほとんどの時間をそこで特別な支援を受ける形態から一部の時間だけ特別の指導を受ける形態まで、必要な支援の内容・程度に応じて柔軟かつ適切に対応すること、通級による指導の対象にＬＤ・ＡＤＨＤを加えることとした。

インクルージョン教育については明確な表現はないが、埼玉県、東京都などでは、特別支援学校に在籍する子どもについて、地域の小・中学校にも籍をおくことを検討している。

特別支援教育体制の推進

小・中学校で特別支援教育を行うための体制づくりが、現在の学校と教育の変革の鍵をにぎっている。二〇〇三年度から開始された全国都道府県教育委員会に対する委嘱事業では、「校内委員会」「特別支援教育コーディネーター」「巡回相談」が、推進体制の骨格として取り組まれてきた。

校内委員会とは、学習や生活上の指導の困難な児童生徒を学校全体で支援するための組織である。子どもについての情報の収集や支援を担任まかせにせずに、組織として検討し、支援に取り組み、その効果を評価する。学校では障害の有無の判断はせずに、支援が必要な子どもはすべて対象とする。支援をさらに進めるために、障害の判断が必要になったときには、教育委員会におかれる専門家チームに子どもを照会し、学校がそこから支援を受ける。特別支援教育コーディネーターとは、校内の特別支援教育の鍵となる役割であり、校内の連絡調整役として校内委員会を推進し、担任や保護者の相談にのり、障害の判断を行う専門家チームや外部機関との連携窓口となる。現在のところ校務分掌のなかの役割として位置づけられる。巡回相談とは、学校外の専門家による、教員、保護者、子どもに対する指導や助言を通した学校への支援である。専門家チームと学校をつなぐ役割ももつ。

この教育体制が学校で機能するためには、教員の意識、すでにある校内の機能の利用、人材の確保などが課題となると思われる。

地域の小・中学校を支援するために、広域特別支援連携協議会、特別支援学校による支援が計画されている。

4 特別支援教育による学校の変革

ヒューマンサービスとしての教育

教育を医療、福祉、リハビリテーションとならぶヒューマンサービスとしてとらえる視点(7)は、これまでの教育に対して次の二つの新しい観点を与えてくれる。ちなみに、ヒューマンサービスとは、人のWell-Beingを促進するために行われる行動レベルのサービスで、サービスの受け手と与え手との間の信頼関係を基盤として専門家によって提供されるものである。特別支援教育は、基本的にこのヒューマンサービスという視点をもっている。

第一の観点は、教科指導と生徒指導を統合する観点である。

これまでは、生徒指導は教科外指導として教科指導とは別のものとしてとらえられてきた。したがって、学習指導と不登校などの生活面への指導は、別の課題として扱われていた。ヒューマンサービスとしての教育では、指導サービスと心理教育的援助サービスという二つのとらえ方をする。教育の各側面を教科学習面、心理社会面、身体健康面、進路面としたときに、新たな獲得、促進を担うものが指導サービスで、子どもがそれを受け入れ、主体的に自らのものにしていくことを支えるものが援助サービスである。援助サービスという観点から、学習へのつまずき、不登校などの心理社会面のつまずきなどへの支援が統合的に同じ課題としてとらえられるようになる。小・中学校における特別支援教育体制の構築は、教育におけるこの援助サービスの構築として位置づけることが可能である。実際、不登校と学習のつまずきを同じ校内体制のなかで対応する実践が行

われている。(8)

第二の観点は、個別のニーズを理解しようとする観点である。

とくに、すでに大きな支援のニーズをもつ状態の子どもに対する三次的な援助サービスでは、その個人について多面的に理解することが必要になる。特別支援教育における「発達障害」という見方は、これまでにはなかった理解の視点を提供する。学習につまずいている子どもを理解するとき、学習障害による注意力や記憶力の弱さ、聴覚や視覚能力の偏り、不器用さなどの視点によって、その子どもに適した学習指導の方法が見えてくる。あるいは軽い知的障害が学習困難の背景にあれば、達成目標や時間を個別化する必要性が見えてくる。落ち着きない行動で失敗を繰り返す子どもを、ＡＤＨＤによる自己統制力の弱さから理解することにより、単に注意したり罰したりすることで反抗や攻撃を誘発してしまうのではなく、自己統制力を育てる、長期的かつ連携による計画的な対応が見えてくる。未熟な社会性や集団のルールに従えない子どもをアスペルガー症候群や高機能自閉症による特有の対人関係のあり方、こだわりから理解することによって、無用ないじめを回避し、対人的なスキルの獲得のための支援が見えてくる。

不登校の背景に、発達障害による学習や集団参加へのつまずきがあることがかなり多いことがわかってきた。(9)そのような場合、不登校に至る前に発達障害の理解から支援ができれば予防が可能である。また、発達障害は、育てにくさからくる虐待のリスク要因のひとつであり、学校と家庭との連携によりその予防の可能性もあるだろう。

授業の変革

とくに学習障害のある子どもに対する特別支援教育は、授業自体の変革を促す可能性をもっている。学習障害は、全般的な知的発達に遅れはないが、認知能力に偏りがあるために、一般的な指導方法では読み書きや算数の学習が困難な状態である。たとえば、ことばによる提示より、具体的な視覚的な手がかりがあった方が理解しやすかったり、機械的な記憶よりも意味的な理解による学習の方が適していたりする場合がある。また、課題を達成するまでに時間が余分に必要な場合がある。学級にこのような子どもがいたときに、学習方法の多様性を認め、またこのような子どもにもわかりやすい授業をすることによって、学習障害ではない他の子どもにも授業がわかりやすくなることが、多くの実践から明らかになっている。

TTや担任を補助するアシスタントティーチャーなどの人的な要素、少人数学級、到達度や課題別の小グループ指導、放課後のオープンクラスなども、特別支援教育とドッキングさせることによって、学力の向上に効果をもたらすことが期待されている。学力の向上とは、子どもたちが「わかる経験」「達成する経験」によって学習への取組みに意欲的になること、とくに低学力の子どもたちの学習意欲の促進が鍵をにぎっていると思われる。

社会性を育てる

新たに特別支援教育の対象となった軽度の発達障害である学習障害、ADHD、高機能自閉症等は、それぞれ社会性の育ちにくさをもっている。学習障害の場合は、二次的に自信のなさや学級集団における社会的地位の低さを、ADHDは、短絡的で衝動的な行動、二次的な攻撃性や自信欠如を、高機能自閉症等は、一方的な対人関係、文脈を読んだり暗黙のルールを理解することの困難さ、二次的な被害感情や不確実な自己意識を、それぞれもちがちである。

こうした子どもたちに対して、特別支援教育の立場からは、二次的な問題の予防のための学級集団づくり、それぞれの社会性の欠如や運用の困難に対するソーシャルスキルトレーニング等による支援を行う。[10] こうした、二次的な問題の予防や社会性を育てる方法は、発達障害のある子どもだけに有効なのではなく、発達障害はないが同様な課題に直面している多くの子どもたちにとっても必要なのである。また、軽度の発達障害のある子どもにとって、自分をどのように理解するかは、重要な課題である。自分の特徴としての強い面と弱い面、弱い面への対処の方法を自覚し、強い面を生かし、自分らしい生き方を選択していくことが可能になるような支援を特別支援教育はめざす。これは、実はどの子どもにも必要なことであろう。人や自分を多面的に理解し、異質性を受け入れ、多様性のなかでの共生をめざす教育は、今後ますます必要になる。軽度の発達障害のある子どものいる集団でこそ、自己のさまざまな面の理解や多様性のなかでの共生を教えていくことができるのではないか。

最近、少年院に収容されている非行少年のなかに、発達障害のある少年が多くいることが明らかにされ、そうした観点からの矯正教育が成果をあげはじめている。(11)(12) 京都の宇治少年院や兵庫の加古川少年院での実践は、再犯率の低下として効果があらわれている。発達障害の観点を入れた矯正教育とは、できないことの背景をていねいに探り、できるように指導を工夫し、達成感を経験させること、集団のなかでの支えあい、集中や思考の内面化を妨げる刺激の統制、指導者との信頼関係の構築に加え、栄養バランスのとれた食事、リズムのある生活など生活全般にわたる。通常の教育にとってこうした矯正教育から学ぶべきものがあると思われる。

学校経営の変革

最近のさまざまな課題に対して、学校は、従来のような上からの指示を徹底する方法では対処できなくなってきている。これまでの経験では対処できない、創意工夫が必要な課題が多くなっており、そのためには、新しいリーダーシップのあり方、自由に意見が出せ創造性を発揮できる教員組織による連携、外部からの支援を受け入れられる学校組織が必要になっている。(13)

小・中学校における特別支援教育体制は、その重要性を認識した校長のリーダーシップのもとでの教員間の連携組織による問題解決、学校外部の専門機関や人材との連携を機能させるような体制である。教員組織による問題解決は校内委員会やその実働チーム（援助チーム）の機能を有効にしていくことであり、外部との連携のためのコーディネーターの指名、広域特別支援連携協議会等の設置が、学校を地域で支えることになる。このように特別支援教育体制とは、学校が最近の困難な課題に対処していくためのひとつのモデルである。

このように、特別支援教育が教育全体の変革に資する可能性は十分にある。教育関係者だけでなく、社会全体が理解をすすめ実現させていくことが責務といってよいだろう。このような障害の理解と自立への支援に対する国民の責務は、二〇〇五年四月に施行された発達障害者支援法にも謳われている。

注

（1）糸賀一雄『この子らを世の光に（復刻版）』日本放送出版協会、二〇〇三年
（2）中央教育審議会「特別支援教育を推進するための制度の在り方について（答申）」二〇〇五年
（3）厚生労働省「国際生活機能分類――国際障害分類 改訂版（日本語版）」二〇〇二年
（4）中根允文・岡崎祐士『ICD-10 精神・行動の障害マニュアル』医学書院、一九九四年
（5）米国精神医学会編（高橋三郎他訳）『DSM-IV-TR 精神疾患の診断・統計マニュアル（新訂版）』医学書院、二〇〇二年
（6）文部科学省「今後の特別支援教育の在り方について（最終報告）」二〇〇三年
（7）石隈利紀『学校心理学――教師・スクールカウンセラー・保護者のチームによる心理教育的援助サービス』誠信書房、一九九九年
（8）牟田悦子編『ＬＤ・ＡＤＨＤの理解と支援――学校での心理臨床活動と軽度発達障害』有斐閣、二〇〇五年
（9）文部科学省「不登校への対応について」二〇〇三年
（10）小貫悟・名越斉子・三和彩『ＬＤ・ＡＤＨＤへのソーシャルスキルトレーニング』日本文化科学社、二〇〇四年

（11）松浦直己他「少年院における心理的特性の調査――LD・AD/HD等の軽度発達障害の始点も含めて」『LD研究』14（1）、二〇〇五年
（12）品川裕香『心からのごめんなさいへ――一人ひとりの個性に合わせた教育を導入した少年院の挑戦』中央法規、二〇〇五年
（13）渕上克義『学校組織の心理学』日本文化科学社、二〇〇五年

第11章　人間学に基礎をおく学習指導計画試案

――これからの高校教育のあり方を求めて

岩田好宏

1　ある学習指導計画の概要

これからの高等学校教育のあり方を考えるなかで、次のような目的・目標・方法からなる学習指導計画案を作成してみた。これは、文部省（現文部科学省）によって作成されてきた「学習指導要領」の総則に相当するものである。

目的

この計画による学習指導は、「生徒の個人としての尊厳を重んじ、一人ひとりの幸せ」という個人的課題と「世界中の人々がたがいに争うことなくみんな幸せになる」という社会的課題の二つを統一して教育的に応えるためのものである。これは、教育基本法の第一条の「人格の完成をめざし、平和的国家、および社会の形成者として……」を言いかえたものである。「平和」は不戦と結びつき国家間の課題に限定されがちである。「幸せ」と言いかえて、身近なものにし、「世界の人々」ということによって個人的な課題だけでなく、人類的広がりをもったものであることを示した。「生徒の個人としての尊厳を重んじ、一人ひとりの幸せ」と「世界中の人々が……」とを対置することによって、自分と社会との関係においてこの課題に取り組むという視点を与えた。

しかし、このことによって教育的取組みに平和・不戦というもっとも基本的な社会的課題に応える視点が弱まるのであるならば、再考する必要がある。

目　標

次のことを実現できるように学習指導にあたる。

①生徒たちを学習困難・学習嫌いという呪縛から解放する。

この目標は、小・中校での学校生活、学習のなかで形成された多くの高校生に見られる実態から設定されたものである。高校以前の学校生活、学習の指導に抜本的な改革が進められ改善されれば、除かれるものである。

②生徒一人ひとりが楽しく学び生き生きとした学園生活をおくれるようにする。

③人間にとって「幸せ」とは何か、「世界中のすべての人がたがいに争うことなく平和でみんな幸せになる」にはどうしたらよいかを考え、実現のための方策を追及する。

④それぞれの生徒が、興味関心に対応した個性ゆたかな自己を確立する。

⑤卒業後の進路を確実なものにする。

方　法

この指導計画では、a「目を自分に向ける」「自分の将来に目を向ける」という学習要求を基点に、b自分と「友だち、家族、地域社会、自然、全体世界」とのかかわりのなかで学び、c「ふたたび自己の生き方を確立し、将来への展望をもつ」という展開の仕方をとっている。したがって、方法的に人間学に基礎をおき、テーマを「自分—人間」(自分—自然と社会—世界)とする。

それゆえ、既存の教科を中心とした教育課程編成の考え方を拭い去り、四つの領域(表11・1)と、学習進行の三つの節目（表11・2）に注目して作成する。ここでいう領域とは、高校生が学習のなかでかかわる世界にあたるものであり、節目は学習の進展のなかで学習をさらに飛躍的に深め広げるための達成すべき目標とその順序をいう。

文部省が決めた学習指導要領もこれまで試みられてきたカリキュラム編成も、呼び名は違うが、おおむねこの二つのカテゴリーをもとにしている。一九七六年に日教組の中央教育課程検討委員会が発表した『教育課程改革試案』[1]では、「領域」と「階梯」という語が使われている。ただし、中内敏夫によるもの[2]の骨格の一つとして考えられている「シークエンス」は、これとは視点が異なる。

領域1の「自分」と「自分の将来」についての学習では、たとえば、こころとからだ、日常生活、食、友達、家族、学校生活、男女性、自らの学びの問い直し、さまざまな人の生きてきたあと、個人と社会との関係などの学びを通して、自分の生き方（卒業後の進路と将来展望）を明らかにする。就くべき職業が明確にできている者、身につける専門的な技術・技能の修得を必要とする者、大学進学志望が確定している者は、そのための学習を専門的に進める。

領域2の「自分を取り巻く世界1――地域の住民としての学習」では、たとえば、自分の住む地域のまち（街）と里、山を例に、人々との交流、文化・環境（これらの自然的基盤）とのふれあいを通して、自分の地域民としての生き方と地域のあり方（たとえば、防災、環境保全、まちの活性化・新たな里生活の創生、まち文化・里文化創生とその相互作用など・地域における自治）について明らかにする。学習の進展

表 11.1　カリキュラム編成における学習領域

a. 相互の関係が明確で全体としてまとまりある学習
- a1. 子ども一人ひとりの「自分」と「自分の将来」についての学習→領域1
- a2. 子どもと子どもを取り巻く世界との関係の学習
  - a21. 地域民としての学習→領域2
  - a22. 世界民・国民としての学習→領域3

b. 自由学習→領域4

のなかで、関係地域住民・諸機関へ提言することも考慮している。

領域3の「自分を取り巻く世界2――地球市民・国民としての学習」では、外国の人々との交流、新聞・テレビなどさまざまな媒体を通じて情報を収集しながら、自分と世界との関係を明確にしながら、これからの地球民としての生き方と世界の全体社会のあり方を考える。

領域1～3は一つの構造をもって互いに強く連関しているが、それとは直接関係はないが、生徒がずっと前から知りたかったこと、今急に知りたくなったことを学ぶ領域として、領域4の「自分が学びたいことを探し、学ぶ」を設置した。四つの領域の学習は、同時進行的に展開できるようにする。領域4の学習も、ときに生徒の中で互いに連関させることも考慮する。

表 11.2　カリキュラム編成のおける学習進展の節目

節目1　「基礎段階に到達する」

1. 一人で学べる自信ができた
2. 一緒に学べる友達ができた
3. 学習がきらいでなくなり楽しくなる
4. 学ぶ楽しさとその意義がわかってきた
5. 学ぶことの中には基本になることがあることに気付いた

節目2　「基本をつかむ」

1. 自分の学ぶ目標がはっきりしてきた
2. 自分の卒業後の進路がおぼろげながらみえてきた
3. 学ぶ方法がはっきりしてきた
4. 目標に向けて基本になることを学び始める
5. 世の中のこと、動きがおぼろげながらみえてきた

節目3　「目標に到達する」

1. 人間としての生き方がわかってきた
2. 自分にとって大事な人がどういう人で、そういう人が何人もできてきた
3. どのように、だれにはたらきかければ、世の中がよくなるかがおぼろげながらわかってきた
4. 自分の卒業後の進路が確定できた
5. 世の中にはわからないことがたくさんあることを理解し、卒業後も生活の中で学ぶ意義がわかり、自信がついた

この学習指導計画は新しい普通教育の創造をめざしたものである。高校生一人ひとりがａ「諸民の一人として」[3]、ｂ「個性ゆたかに」、しかもｃ「全面的発達をとげるために必要な総合的」で、ｄ「基本的な素養を身に付けるための教育を進める」ことを意図している。

節目は三つの段階からなっているが、学年と一致しているわけではない。また、それぞれの節目に示した目標の全部に到達しないうちは、次の節目に向けての学習を進めないというわけではない。

2 高校生は学校でどのようなことを学びたいのか

この学習指導計画は、二つの点において文部省による学習指導要領とも、中内[4]や日教組の『教育課程改革試案』[5]が提示したものともちがう。基本的には教科指導と生活指導など他の指導とを分離せず一体としていることである。

文部省のものでは、最新のものを除けば、領域に相当するものは「教科」と「特別活動」からなっていた。『教育課程改革試案』では、「教科」と「自治活動を中心とする教科外諸活動」から編成している。これには、現代における社会的主要課題をテーマに学習を進める総合学習の構想が提示されていたが、当時の教育関係者の同意を十分得るところまでいかなかった。いずれも教科学習を中心におき、それに他のものが付加するというかたちをとっている。

最新の学習指導要領（一九九八年）で設置された「総合的な学習の時間」も、いくつかの高校で重視されて積極的に進められている総合学習も、その「総合」とは教科学習で学んだことの「総合」であり、教科指導を重視している点ではかわりない。

戦後の日本の高校教育は、端的にいえば、戦前の中等教育の考え方を引き継ぎ、教育内容の点では大学予備教育（受験教育という意味ではない）としての普通高校と実業高校の二つの形態をもって出発した。[6] 現実には、学問的な学びはそのとおりにはならず、その片鱗を学ばせるにとどまり、大学進学や就職のための手段となって、若者の生き方には直接結びつくことはなかった。

一九七〇年代になって高校進学率が九〇％を超え、高校生の学習要求が大きく変わり、一般諸民教育を希求していた。しかし、国により「教育の多様化」の名のもとに進められた高校教育改革は、高校生が真に望む教育を生み出すことにはならなかった。他方、民間教育団体に所属する教育者・研究者が指向していた学問・文化の基礎を学ばせるという考え方も、そのこと自体は大事ではあるが、教える側からの必要性に中心をおいたもので、若者の学習要求を正確に読み取って生まれたものとは言いがたい。

高校生はどのような学習要求をもっているのだろうか。

一般的に、学びという点からみたとき、子どもの事物・現象に対する興味・関心は次のように変遷すると思われる。[7]

一　個別的に事物・現象に向ける→小学校中学年まで

二　事物・現象の本質に向ける→小学校高学年から中学校低学年まで

三　自己・自己の生き方を基点にして事物・現象に向ける→中学校中学年から高校

千葉県のある高校に入学したばかりの生徒に、何を知りたいかと質問したのに対して、具体的な回答としては、「自分について」、「人との付き合いかた」、「社会のマナー」、「友達」などが多かった。社会、政治、経済などをあげた生徒がわずかながらいた。自然関係については具体的な回答と漠然としたものをふくめて四％前後であった。そして、圧倒的に多かったのは、自分や社会についての漠然としたことであった（表11・3）。

また一九九八年、同じ高校の三年生の選択科目「生物世界」の授業を希望した生徒に、それぞれの要望に沿って一人ひとり異なる学習テーマを設定して学ばせ、学習の進展にともなって各自で学習テーマを変えて学ばせたところ、一年間の授業の終わり頃までには受験生物を選んだ生徒（二学期末までに半数になった）を別にすると、ほとんどの生徒が環境問題、エイズ・介護など保健・医療問題、人生論などに集中した。純然たる生物世界に関するテーマを選んだ生徒も、進化論や科学論のような思想史に近いものを選択して学んでいた(8)。

こうした生徒の学習要求に根ざして決めた、①「目を自分に向ける」「自分の将来に目を向ける」という学びの要求を基点に、②自分と「友だち、家族、地域社会、自然、全体世界」との関係を学びの世界とし、③「ふたたび自己の生き方を確立し、将来への展望をもつ」という学習指導計画の基本方針にはなお問題が残る。それは、「自分を知る」「自分の将来展望をもつ」という学習の視点は、そのままでは、いわば主観的な、自己中心的な視点からの学習にとどまり、真の意味での自己確立にはなりえない。一言でいえば他者意識と共存思想の形成が不可欠である。

自己、自己の将来展望は、自己を取り巻くまわりの世界との関係のなかでとらえられなければならない。「外の世界を知る」は、単に「外の世界を見る」ことではない。外の世界が自己とは異なるそのものの理において成り立っていることを知ることであり、それとの関係において自己を見つめ、自己の将来を考えることにならなければならない。ここにおいて学問・文化についての学びが重要な意味を帯びてくる。しかし、それは学問や文化の成果を学ぶだけのことではない。むしろ学問・

表 11.3　高校生は学校で何を学びたいか（アンケート調査結果から）

	的が絞られている	漠然としている	計
自分・自分の将来のこと	69（12.0%）	287（50.1%）	356（62.1%）
社会のこと	60（10.5%）	90（15.7%）	150（26.2%）
自然のこと	23　（4.0%）	8　（1.4%）	31　（5.4%）
その他判別できないもの	7　（1.2%）	29　（5.1%）	36　（6.3%）
計	159（27.7%）	414（72.3%）	573

出所：岩田好宏「高校生の学習の出発点を探る――アンケート調査の回答と学年末テストの答案から」『子どもと自然学会誌』4、2005年

文化をふくめて人間のこれまでの歴史から、自己と世界の現実を見るという視点が必要となってくる。ここにおいて、学校教育のなかで自己、自己の将来を見つめ、考える学習の意味が明確になる。

3 学校教育のなかでの学びの意味——生活と学びについて

ここで学校のなかで学ぶことが、学校から離れた日常生活のなかでの学びとどうちがうかをはっきりさせておく必要がある。

学校のなかだけでなく、人の生活にはすべて「学び」という側面がみられるが、生活には、学びを意図するものと、学びを意図せず結果として自然発生的に学びが成立する生活とがある。学びを意図する生活は「未来のための生活」である。学びを意図しない生活は「今を生きる生活」である。だが意図しなくても、生活には自然発生的に学びが付随するので、「今を生きる生活」にも未来のための生活という側面をもつ。

また生活が、他者(自然と社会)とのかかわり、自己と他者の変革を基本にしているように、学びも他者とのかかわりが基本になっている。

学ぶ者からみれば、学びにかかわる他者には二つのものがある。一つは、学びを支援し助け、学ぶ者に対して意図的にかかわる「教える者」(学習指導者)である。ここで成立する学びは学ぶ者と教える者の「関係的学び」ということができる。(9) もう一つは、意図することなく学びにかかわるものである。これは学ぶための条件など学習環境の役割を果たす。ここで成立する学びは自立的学びということができる。一つの整理をすると、学びには「関係的学び」のように教える者との関係を必要とするものと、必要としない「自立的学び」とがあることになる。

関係的学びにおいては、学ぶ者に学びの意図が不可欠であるのに対して、自立的学びにおいては、意図的に学ぶ場合と自然発生的に成立する学びとがある。一般的に生活は学びを意図しない面が強い。しかし、そうした生活においても、問題が発生したときにはその生活から離脱して問題解決の方策を探すための「学ぶ生活」へ転換することがある。さらに関係的学びに転換することもある。そして、問題解決の理念・方策を発見すると、もとの「学びを意図しない生活」に立ち戻り、問題解決にあたる。

関係的学びの基本となるのは歴史的学びである。歴史の異なる学ぶ者と教える者の相互作用を中心として、そのなかで成立する学びである。教育的学びにおける子どもと教師の関係は、まさに歴史的関係である。身の回りの、日常世界とのかかわりのなかで自己の歴史を築いてきた子どもと、人類の歴史との対峙のなかで自己の歴史をつくり上げた教師との関係である。教師がその身の回りの、日常世界とのかかわりで得たものだけで、子どもと関係してその学びを支援・助力しようとするのは誤りである。教師に必要なのは、人類の歴史を背負うということである。その点において、教師は、子どもとは決定的に違う歴史を身につけることによって教える主体になることができる。

しかし、関係的学び(教育的学び)において対峙する二つの異なる主体は、現実の生活の「今をどうとらえるか」において、将来の展望をひらくために現実の今の生活をどう変革するかという点においては対等となる(ときに学ぶ者と教える者は互換することがある)。

将来にわたって重要な意味をもつのは、言いかえると、人間にとって中心となる学びは、自分で学ぶ、生活のなかで学ぶ「自立的学び」である。その意味では、自立的学びは「本学び」ということができる。そして、関係的学びである教育的学びは、常に本学びの補助的位置にある。したがって、子どもの現実の生活のなかで、あるいは将来の生活のなかで発生する問題を解決するために必要な基礎的素養のなかには、生活のなかに自身にとって重要な問題を発見し、さらにはその解決のための方策を考えだすうえで不可欠な自立的学びが実現できるようになるということも含まれる。高校は、諸民教育としては、そうした自立的学びを成立させる最終段階にある。

学校生活では、生徒は関係的学びのなかだけでなく、自立的学びのなかでも発達成長する。また学校生活といえども、そのすべてが学びを意図した生活だけではない。学びを意図しない生活がある。したがって、学習指導にあたっては、関係的学び、自立的な学びのなかの意図的学びと意図しない学びとの相互関係を考慮しなければならない。そればかりでなく、学校の外での生活とそのなかで成立する学びとの関係を考慮しながら、学校のなかでの、その独自の役割を追求しなければならない。

4 学習指導の具体化にあたって

(1) 学びでは、目標を具体的なかたちで明確にすることが望まれる。生徒自身が学習における目標と自分の現状との間の距離がつかめ、自分がいまどのような位置にいるかがわかることが必要である。

(2) 学習が次の関係を基盤として進められるよう具体的な指導計画を立てる。

a　理論的学習と実践的学習の相互作用

b　子どもと地域社会との相互作用（地域へのはたらきかけ、学校の改革と子どもの発達成長との相互作用）

c　日常世界・生活のなかでの学びと日常を超えた世界のなかでの学びの相互作用

d　現実を前に、子どもの人類の歴史（学問・文化を含む）との対峙

e　学びは、子どものからだと道具・言語が一体となった社会的主体の労働・コミュニケーションを通じて自然・社会へのはたらきかけを中核にする

f　個々人の生活、生産活動とそのなかでの社会的関係、世界観（思想）、自然との相互関係のなかで自

己と取り巻く世界をとらえる視点

g　子どもたちの相互作用

(3) 不戦と平和、環境問題、ジェンダー、貧富の差、人口問題など現代における社会的主要課題を中核にする。

(4) 一年を五学期に分け、学期ごとに目標を定め、ひとまとまりの学習を進行させ完結的させる。学習が進行するにつれて、目標の再検討を行い、変更しながら進める。

個々のまとまりある教育活動は、基本的には、①具体的な目標を明確にし、②その目標に対しての生徒の現状を把握し（目標に到達するにあたって欠けている基本的素養と到達のための糸口を明らかにする）、そこから③目標に向けての基礎がためをし、④目標に向うというように展開する。かりに目標と生徒の現状の間に大きな隔たりがある場合には、目標をいくつかの段階に分け、それぞれについて生徒の現状把握と、身につける基礎と基礎がためのための糸口を見つけることをする。

(5) 成績評価は目標への到達度と生徒自身の自己評価を軸に行う。

(6) このような改革は、学習形態の改革を必要とする。学習形態を座学だけでなく行動的なものを大幅に取り入れ、教室から地域、世界へ学習の場を広げる。教室での学習と地域での人々の具体的な生活、社会活動のなかで、そこで生きている人たち、活動している人たちとの交流を通じての行動的な学習との結合は、生活のなかで具体的なかたちで役立つことになる。

学習は次の四つの形態とその相互関係のなかで成立するようにする。

a　授業

b　文化祭・体育祭・音楽祭などの行事

c　各種ＮＧＯ活動への参加・職場体験などの社会体験

d　修学旅行など各種の旅行

(7)　生徒自身が学習テーマを決め「ともに学ぶ」学習集団を組織するなど、生徒集団の意図的な組織化が必要となる。

一〇〇人を超す生徒集団では、個々の生徒が互いに深い交流をもち、集団として生活していくことは難しい。全体を構成単位（ＵＮＩＴ）に分化する必要性がある。この場合の単位とは、集団全体の本質をもっとも単純なかたちにおいて具備するものである。その本質とは、基本的に同じ学習要求をもって参集したという意味の同質性と、それぞれ異なる個人史と異なる生活要求をもった個人から成り立っているという個別的特殊性（異質性）を重視するという意味の多様性をもっていることである。そのことによって、異質な者どうしの相互作用を内部に含むことになる。

一方、生徒たちは、こうした構成単位とは別にそれぞれの生徒が安心して身をおくことのできる人間関係と場を求めて、自然発生的に小集団をつくる。これは、同質性の高い、異質性の希薄な（むしろ異質性を捨象してできた）集団であり、その意味において生徒各個にとって主観的には重要な意味をもち、生徒全体集団にとっては不可欠な集団である。[10]が、単位とは言いがたく「要素」とみるべきである。構成単位の形成にあたっては、いくつものこうした要素的小集団を組み入れる必要がある。

また、集団の単位や要素は、それが形成されることによって生徒各個にはそこに帰属意識が発生し、他の単位、要素に対する排他性が生まれる。それは形成過程において生徒各個人にインプリントされて、以後の集団行動に重要な意味をもつことから、単位をどのようにつくるか、その形成過程に十分配慮しなければならない。

(8)　学びたくない生徒、学校に来にくい生徒、学ぶことがはっきりできない生徒に対して十分な対策を講じる。

(9)　このような改革は、新たな学習環境を要求する。現在の日本の学校施設は、一般的にみて学習環境として、また生活環境として望ましいものとはいえない。狭い空間の中に大勢の人間が長時間同居していること（人口密度が極度に高いこと）、これまでの教室は座学という特定の学習形態だけに適した環境であり多様な学習形態がとれないこと、人工的な環境だけであること、学習に使われる道具が教育的に特殊化したものであり、現実の生活のなかでの道具とは異なり、全体として一様であることなど、問題を多く含んでいる。

学習に必要な媒体も多様でなければならない。書物と先生の話に限られることなく、自然、さまざまな道具・作品・習慣など諸々の人間活動とその成果物が活用されねばならない。地域、他県や諸外国の若者、人々との交流が必要である。また、生徒相互の社会的交流も、クラス構成員に限定されることなく、学習を軸として他学年、他学級の生徒との交流を活発にする必要がある。具体的なさまざまな状況のなかで、多様なもの、人との出会いが学習を生きたものにする。

注

（1）日本教職員組合『教育課程改革試案』一ツ橋書房、一九七六年
（2）中内敏夫『教育学第1歩』岩波書店、一九八八年。八木英二氏の案に加筆修正したもので、「シークエンス」のほかに「スコープ」という視点からカリキュラム編成をしている。
（3）都市民、農民、漁民、山民、職人などあらゆる人たち。個性ゆたかで全体として多様な「諸々の民」という意味。
（4）中内、前掲書
（5）日本教職員組合、前掲書
（6）くわしくは、宮原誠一『青年期の教育』岩波新書、一九六六年を参照。

(7) 岩田好宏「高校生の学習の出発点を探る――アンケート調査の回答と学年末テストの答案から」『子どもと自然学会誌』4、二〇〇五年

(8) 岩田好宏「高校生は授業に何を求めているか――一九九六年入学のある高校生たちの三年間の学習の軌跡」『人間学研究所年誌2003』二〇〇四年

(9) 岩田好宏「学びの分類学」『教育』国土社、二〇〇〇年、および尾関周二『言語的コミュニケーションと労働の弁証法』大月書店、二〇〇二年

(10) 八木英二は、その著者『ヒューマンライフ・サービスとしての教育』（二〇〇〇年）三学出版）において「虚構性」と言っている。

終章　現代の教育危機と総合人間学の課題

柴田義松

1　日本教育の危機

日本の教育は、いまや重大な転換期に直面している。自由競争（市場）原理を学校教育の世界に持ち込もうとする今日の教育制度改革は、戦後日本の平等主義的教育を否定し、一握りのエリート（創造的人材）の育成と大多数の安価で再配置可能な「従順な労働者」の教育との複線化をめざすものである。

新自由主義のこの教育政策は、新保守主義の新「教化主義」と結びついており、教師および児童・生徒への厳格対応、奉仕活動の導入、「日の丸・君が代」の強制、「心の教育」、新テスト主義の教育など、まさに戦前の非民主的教育への回帰を思わせるような動きが強まっている。教育基本法「見直し」の動きなども、このような文脈のなかで見定め、批判しなければならないと思うが、多くのマスコミの反応はいたって鈍感である。

戦前の義務教育は、「国民の三大義務」の一つであり、天皇と国家に忠誠を尽くす国民育成の手段とされるものであった。戦後の改革で国民は「教育を受ける権利」を有することになり、国との権利――義務関係は逆転することになるのだが、実際には新しい九年間の義務教育は、国に奉仕する代わりに「企業」の経済発展に奉仕する「人的能力」育成の手段となっただけで、「人格の完成」そのものを目的とした教育基本法の精神が十分に生かされることにはならなかった。

「平和と民主主義」を旗印とした戦後「新教育」の方向転換は、一九五〇年代から始まっている。経済界の主導によるこの転換が、新自由主義プラス新保守主義の教育政策へと発展するのは、臨時教育審議会（一九八四〜八七年）の頃からである。これら戦後教育の転換と「改革」をリードしてきた人たちというのは、教育の原理に従い「子どもの権利」を保障し、「子どもの最善の利益」を考えて行動するというよりは、企業の論理に従い企業の経済発展を最優先するような経済界のリーダーたちであった。

言いかえれば、義務教育も、経済発展に奉仕する手段ないし道具として役に立つかぎり、利用されるのであるが、役に立たなくなれば、見捨てられる運命にあることを覚悟せねばならないような「道具」にすぎないということである。

日本の義務教育は、今まさにそのような岐路に立っている。世界経済の「大競争時代」に日本の企業が生き抜くために必要なエリートの教育は別として、凡人の教育は「せめて実直な精神」を養っておればよいというのが、新自由主義の教育観だからである。

日本経済団体連合会が最近発表した「これからの教育の方向性に関する提言」（二〇〇五年一月一八日）には次のように書かれている。

「二十一世紀は、創造的な製品やサービス、アイデアを不断に提供しなければ、競争力を維持・向上することができない時代である。新たな価値を創造する力が、国や企業の競争力を左右する。……画一的な人材を供給するいままでの教育ではもはや対応できない。均質な人材を育成する教育から、個人の個性や能力を最大限に伸ばす、多様性を重視した教育に転換しなければならない。……また、戦後から最近に至るまで、学校教育の現場では日本の伝統や文化、歴史を教えることを通じて、郷土や国を誇りに思う気持ち（国を愛しむ心）を自然に育んでこなかった。……また、個人の権利や自由の尊さを浸透させてきた点は戦後教育の成果と評価できるが、半面、権利には責任と義務が伴うという点を教育現場で教えることは徹底されず、公共の精神の涵養は不十分であった。」

このように学校教育の現状をとらえたうえで、これからの教育のあり方として、次のような具体的提言を行っている。

「こうした状況を変え、社会全体の教育力を向上させるには、二〇〇四年四月提言で指摘した『多様性』『競争』『評価』を基本に、大胆な改革を実施していかねばならない。各学校に特色を発揮させ、学校間はもとより教員間の競争原理をはたらかせれば、二十一世紀に必要とされる人材育成が可能となろう。……具体的には、まず義務教育は公立学校が担うという考えから脱却し、私立学校の設置を進めるべきである。また、私立学校のみならず、株式会社立学校やＮＰＯ立学校など、多様な主体による学校設置も認める必要がある。さらに、公立学校の運営を学校法人だけでなく、株式会社やＮＰＯに委託する公設民営の手法も活用していくべきである。」

提言は、このようにして公立学校の民営化を推し進めようと、教育基本法の「改正」案まで提起している。すなわち、教育基本法第六条一項にある「法律に定める学校は、公の性質をもつもの」という部分を削除せよというのだ。

さらに、第一〇条（教育行政）第一項の「教育は、不当な支配に服することなく、国民全体に対し直接に責任を負って行われるべきものである」という表現が、「一部教員による教科書や学習指導要領の無視や、校長など管理職の管理を拒む根拠となったことに鑑み」、この条文を改め、教科書や学習指導要領を絶対視し、管理職の権限をいっそう強化する方向に切り換えようとしている。

一方で、「規制緩和」の推進により義務教育の崩壊につながりかねないような「民営化」の提言をしながら、他方では、これまで以上に国家的統制を強めようとする、大きな内部矛盾をはらんだ提言といわざるをえない。「こうした改革を進めていけば、各学校において、習熟度別授業を実施するなど、きめ細かい指導を行う環境が整うものと期待される。塾通いをしなくても、学校での勉強だけで必修とされる最低限の知識を身につけられるようにするべきである。また、将来、世界の舞台で活躍するリーダーを育成することに主眼をおいた教育を実施する学校や、児童・生徒の個性や特性を踏まえ、とくに秀でた能力を伸ばすことに積極的に取り組む学校などが生まれることも期待される」と、提言は結論づけている。つまり、公立学校も「習熟度別授業」という名の能力別指導を実施するなど塾と同じような教育をせよと迫っているのである。

文部（科学）省は、約半世紀にわたりこのような「能力主義の徹底」と「愛国心」教育を二本柱とする経済界からの要求に忠実に従って時どきの教育政策を立ててきたのであるが、教育現場の実態も考慮せず、教育の基本原理をも逸脱したこのような政策が、その効果を十分にあげることができなかったのは当然のことといえるであろう。

道徳教育を強化するために教育界の多くの反対を押しきって一九五八年に特設した「道徳」の時間がいまだに不振をきわめているのは、本来、道徳教育というものは、学習指導要領さえ半ば認めざるをえないでいるように、学校の教育活動全体、つまり学校生活全体のなかで生活指導として行うことのほうが、教室のなかで副読本やテレビのＶＴＲを教材として行う授業よりも理にかなっているからである。

受験競争が激化し、その弊害が小学生にまで及ぶようになったとき、「過度の受験競争の緩和」のために設けられた「ゆとり」の時間（一九七〇年代）は、かえって教師も子どもをも「ゆとり」をなくし、忙しくするだけであった。

一九九八年の学習指導要領改訂も、子どもに「ゆとり」を取り戻すため、学校を週五日制にし、教育内容を三割削減する改訂であったが、「学力低下」の強い批判を世論から浴び、五年後にはその「一部改正」を「通知」せざるをえないような「改訂」であった。

この「通知」では、「個に応じた指導の一層の充実」ということで「習熟の程度に応じた指導」の推進をはかろうとしている。経済界の主たるねらいは、「習熟度別授業」によって経済界の求める「リーダー」を育成することにあるのだが、これも成功はおぼつかないであろう。海外での経験に照らしてみても、このような能力別指導の効果を教育（学）の論理は否定しているからである。「アメリカで失敗した習熟度別授業をなぜ日本はとりいれようとしているのか」と率直な疑問を提起しているのは、日本の学校の授業を研究し、日本の教師たちの授業技術や授業研究の仕方に学ぶ運動をアメリカで広めようとしているアメリカの教育学者ルイスである（土井健郎・ルイス他『甘えと教育と日本文化』ＰＨＰ研究所、二〇〇五年）。

独創的なアイデアは、同質の集団のなかからは生まれてきにくいものだと一般に言われている。また、習熟度別指導の名のもとに「できない子」のグループに入れられた子どもは、「やる気」を失って、学力格差をますます拡げることになりかねない(1)。

2 総合人間学の課題

ところで、このような経済界主導の教育政策に対抗する勢力が、わが国にまったくなかったわけではない。教職員組合や民間の教育研究運動に参加する教師たちは、このような政策動向を早くから察知し、それに対抗する研究や実践に取り組んできた。

統制の厳しかった戦前でも、大正期から昭和初期にかけて設立された私立学校や民間の教育研究団体の教師たちは、体制的教育に対立する研究や実践に取り組み、公教育の改革を進めるうえで一定の役割を果たしたのであるが、その伝統は戦後にも受け継がれ、上述の教育政策に対するアンチテーゼとして日本の公教育の発展に果たしてきた役割は少なからぬものがあると思われる。

日本の平等主義教育の実践として、また教師の自己研修の場として、アメリカの教育学者たちから高い評価を受けているものの大部分はこれら民間の教育研究団体の実践の成果であるといってよいものであろう。

これら民間の教育研究運動が追求してきた理想のいくつかを、手短にあげてみれば、各教科の教育で、学問・芸術の精神を尊重しつつ、すべての子どもに「基礎学力」を保障する授業づくり、子ども一人ひとりの生き方を大切にし指導する「生活指導」の実践。「子どもの自治・参加」を含めた「地域に根ざす教育」を実践する「開かれた学校」づくりである。

これら民間の教育研究運動が掲げてきた理想は、子どもの権利条約でいう「子どもの最善の利益」を追求するものであり、教育基本法の精神にも通じるものであるが、それにもかかわらず――いや、むしろそれだからこそという方が、教育基本法「改正」の動きが強まっている今日、より現実的かもしれないが――その理想を実現する道はきわめて険しいように思われる。

そこにどのような困難があり、どのようにしてそれを克服することができるのかを明らかにすることは、現代教育学の課題であるとともに、総合人間学の課題でもあると私は考える。(2)

子どもの心身の発達状態を見定めながら、「子どもにどのような教育的はたらきかけを、どのような方法・形態で行うのが子どものよりよい発達にとってもっとも望ましく効果的であるか」を明らかにするのが教育技術の学としての教育学の課題であるが、そのような教育(学)の実践は、教育的人間学の創始者ウシンスキー

（一八二四〜七〇年）も言うように、人間そのものをあらゆる角度から総合的に追求する人間学の研究を必要とし、不可欠の前提とするのである。それと同時に、教育（学）はその実践を通して人間の本質を追求する実践的人間学でもある。

さて、本書は、以上に述べたような観点から、まず序章と第一部で日本の子どもが直面している危機の現状をどうとらえたらよいかを問題とし、第二部では、そのような危機の根底にある「人間の心」のあり方、「競争」の問題、そして危機克服の基本的筋道である「子どもの権利」保障の問題を取り上げ、第三部では、より具体的な危機克服の実践的試みのいくつかを紹介した。

これらの論文は、いずれも私たちの総合人間学研究会における報告や論議をもとにしてまとめられたものである。私たちの力量不足もあろうが、これでわが国の子どもと教育が直面している危機の実態と本質を十分に明らかにすることができたとは、とうてい言えない。

しかし、教育学専門の研究者だけでなく、法学、生理学、臨床心理学、哲学、文芸学、生物学等の研究者の共同によって、現代の教育危機とその克服の道について総合的・人間学的な追求を試みたという点で、不十分ながらも類書には見られないようないくつかの新しい観点を示すことができたのではないかと思う。私たちの総合人間学的研究は、まだ始まったばかりで、暗中模索といったところがある。読者各位の忌憚のないご批判とともに、新設された総合人間学会への積極的参加と協力をお願いする次第である。

注

（1）柴田義松『義務教育改革への提言』日本評準、二〇〇六年

（2）柴田義松『批判的思考力を育てる——学習集団の形成と授業』日本評準、二〇〇六年

あとがき――「総合人間学」の出発

「人間とは何か」、「人間とは、いったい動物あるいは神とはどう違い、何をなすべき存在であるのか、またなしうるのか」といった人間学的な問いは、人類永遠の問いとして、古今東西にわたり、多くの人々によって問われ、考え続けられてきたものであることは、いまさらいうまでもない。

しかし、二十一世紀に入った今日、人類が自ら招きよせ、つくり出したグローバルな規模にわたる危機的状況を前にして、こうした根本的な問いが、私たちにとってこれほど切実な、身に迫る問いとなったことは、これまでなかったことではあるまいか。とりわけ日本の場合、二十一世紀に入って大きなターニング・ポイントにさしかかっており、最近の「教育基本法」見直しの動きなどもその一つの典型例ではないかと思われる。

先に開催した「総合人間学会設立記念集会」（明治大学・二〇〇六年五月二十七日）のシンポジウムに多数の、専門領域もさまざまに異なる方々がお集まりくださったということ自体が、それぞれの学問分野や、あるいは実践の現場において、「人間らしい生き方とは何なのか」、「人間、どう生きるべきか」を、今こそ根本的に、さまざまの角度から総合的に問い直していくことの必要性を示しているのではないかと思う。

ここで教育学を一つの例として取り上げて考えてみると、教育学の基本的課題は、子どもに何をどう教え学ばせ、子どもにどんな学力をつけ、どんな人間に育てるかという、人間にとって根本的な問いに実践的に立ち向かうことである。

このような教育学にとって、人間を深く、いろいろな角度から多面的に理解する必要があることはいうまでもないことで、人間学は教育学にとって必須の教養であり、基礎的な学問である。言いかえると、教育学は、まさに実践的人間学であり、人間学の実践的応用部門の一つであるといってもよいであろう。

当然、このような考えは、これまでにも多くの人によって語られており、「教育的人間学」、あるいは「教育学的人間学」と呼ばれて研究されてきている。ロシアの教育学者ウシンスキーは、『教育的人間学』（一八六八〜六九）と銘打った世界でも最初の書物と思われるその著書のなかで、教育者は「人間を、現実の人間がいかなるものかを——人間のすべての弱点、人間のすべての偉大さ、その日常のあらゆる小さな要求から、すべての大きな精神的要求にいたるまで——知るように努めなければならない。……あらゆる年齢、あらゆる階級、あらゆる地位の人間、喜びや悲しみのなかにある人間、偉大な才能の人間、打ちひしがれた人間、力の有り余る人間、病気の人間、無限の希望に満ちた人間、死の床にあり、人間的なぐさめの言葉もすでに用をなさないような人間を知らねばならない」と言い、「教師は、狭い意味の教育学を学ぶ前に、このような多数の広範にわたる人間科学、すなわち教育的人間学を研究しなくてはいけない職業人なのだ」と述べている。

さて、生物学の小原秀雄、教育学の柴田義松、原始技術史の研究者岩城正夫、ガス関係の会社の社長で人間学に深い関心をもつ佐竹幸一らは、小さな組織であったが、かねてより人間学の研究会をつくり、定期的な研究会を開いたり、ときにはシンポジウムを開いたりして、約三〇年ほどこの研究会を続けてきた。

その間、名称を「人間学研究所」に改め、共同研究の成果はすでに何冊かの書物として世に問うており、最近も『道具と人間』という、人間のつくり出した道具の歴史が、人間をいかに変え、人間の住み処である地球の自然そのものまでをもいかに変えてきたかを解説する教師と子ども向け全三巻の書物を出版した。（明治図書、二〇〇四年）。

憲法学の小林直樹は、その専門的研究の延長のなかで、人間とその学に強い関心を向け、独自の研究を続け、

『法の人間学的考察』（岩波書店、二〇〇五年）などの大著としてその成果を公表してきているが、数年まえ「人間学研究所」のメンバーと知り合って、たがいに同じ道を歩んでいることに気づいた。そこで、多くの同学の士を募って、二〇〇二年十一月「総合人間学研究会」を結成し、以後三年半、次頁以下の資料1に示すような研究会を中心に総合人間学の研究と普及につとめてきた。本シリーズは、その成果の一部をまとめたものである。

末尾になるが、本シリーズをとりまとめるにあたって、書籍編纂の専門的立場からさまざまなご教示とご協力をいただいた後藤耀一郎氏に感謝申し上げる。また、私どものささやかな研究成果をこのようなかたちで刊行し、公表の機会を与えてくださった三原多津夫氏はじめ学文社の皆様に御礼申し上げる。

〔柴田　義松〕

資料1　総合人間学研究会研究活動のあと

第一回研究会（第一回シンポジウム）
「人間を考える」
二〇〇二年十一月三十日（土）　東京　明治大学リバティタワー
基調報告
柴田　義松　総合人間学へのいざない
小林　直樹　総合人間学に向けて
小原　秀雄　自然「学」的見地から
パネラー
半谷　高久　地球科学的見地から
長野　　敬　生命科学的分野から
堀尾　輝久　教育学的分野から
足立　巳幸　生活学的分野から
井上　英治　哲学的人間学から

第二回研究会（第一回研究例会）
「人間の心をさぐる」その1
自由討論
二〇〇三年一月二十六日　東京・新宿　人間学研究所

第三回研究会（第二回研究例会）
「人間の心をさぐる」その2
二〇〇三年三月二十二日　東京・新宿　人間学研究所
問題提起　小林　直樹

第四回研究会（第二回（二〇〇三初夏の）シンポジウム）
「人間の心をさぐる」その3
二〇〇三年五月二十四日　東京　文京区シビックセンター
コーディネーター　小林　直樹
大田　　堯　人間の心
長野　　敬　動物の心
坂本　百大　機械の心
西郷　竹彦　人間の心をめぐって（関連発言）
岩田　好宏　動物の心をめぐって（関連発言）

第五回研究会（第三回研究例会）
「人間の心をさぐる」その4
二〇〇三年七月二十六日（土）　東京・新宿　人間学研究所

武田　一博　哲学から人間の心をさぐる
加藤　敏　心と創造性

第六回研究会（第四回研究例会）
「人間の心をさぐる」その5
二〇〇三年九月二十一日（土）　京都　京大会館
江原　昭善　人類学の立場から
西郷　竹彦　文芸学の立場から
小川　一乗　仏教学の立場から

第七回例会（第三回（二〇〇三秋の）シンポジウム）
「人間の心をさぐる」その6　現代のこころ?・その光と影
二〇〇三年十一月二十九日（土）　東京　明治大学
問題提起　小林　直樹
林　雄二郎　情報学から
尾関　周二　哲学から
暉峻　淑子　生活経済学から生命をみる

第八回研究会（第五回研究例会）
「生命から人間を考える」その1　現代の生命理解
二〇〇四年一月二十四日　東京・神保町　教育出版
問題提起　小原　秀雄
講演1　長野　敬　物質システムから生命をみる
講演2　浦本　昌紀　生物世界の多様性から生命をみる

第九回研究会（第六回研究例会）
「生命から人間を考える」その2　性とジェンダー
二〇〇四年三月二十七日（土）　東京・市ヶ谷　実教出版
問題提起　小原　秀雄
講演1　岩田　好宏　男女性の生物的原形としての雌雄性
講演2　橋本　紀子　ジェンダーについて

第一〇回研究会（第四回（二〇〇四初夏の）シンポジウム）
「生命から人間を考える」その3　競争の人間学
二〇〇四年五月二日（日）　東京　専修大学
序論　小林　直樹
講演1　柴田　義松　教育における競争
講演2　道正　洋三　企業活動における競争
講演3　木村　光伸　動物における競争

第一一回研究会（第七回研究例会）
「生命から人間を考える」その4　生物進化の適応放散が示す極大と極小の生物界
二〇〇四年七月二十四日（土）　東京・市ヶ谷　実教出版
問題提起　小原　秀雄

講演1　小畠　郁生　中生代の生物世界―恐竜とアンモナイト―最大型の生物世界
講演2　涌井　明　微小生物の世界

第一二回研究会（第八回研究例会）
「生命から人間を考える」その5　共生と寛容の人間学
二〇〇四年九月二十六日（日）　京都　龍谷大学大宮キャンパス
講演1　加納　隆至　生物学から
講演2　西郷　竹彦　文芸学から
講演3　上山　大峻　宗教学から

第一三回研究会（第五回（二〇〇四秋の）シンポジウム）
「生命から人間を考える」その6　戦争の人間学
二〇〇四年十一月二十七日（土）　東京　明治大学
問題提起　小原　秀雄
講演　大石　芳野
　高橋　哲哉
　小林　直樹
コメンテーター　篠原　作太
　吉川　勇一

第一四回研究会（第九回研究例会）
「総合人間学の課題を考える」フリーディスカッション
二〇〇五年一月二十二日（土）　東京・市ヶ谷　実教出版

第一五回研究会（第一〇回研究例会）
「自然言語と自然科学の関係およびチョムスキーの反戦運動と言語学理論の関係」
二〇〇五年三月二十六日（土）　東京・市ヶ谷　実教出版
講演　鎮目　恭夫

第一六回研究会（第六回（二〇〇五初夏の）シンポジウム）
「異常と正常の人間学」
二〇〇五年五月二十八日（土）　東京　専修大学
講演　木村　敏

第一七回研究会（第一一回研究例会）
「つくられる命――生殖医療現場の取材で考えたこと」
二〇〇五年七月二十三日（土）　東京・市ヶ谷　実教出版
講演　坂井　律子

第一八回研究会（第一二回研究会　関西集会）
「市場・消費と人間」
二〇〇五年九月二十四日（土）　京都　龍谷大学大宮

キャンパス
室田　武　市場と人間
原　　強　消費と人間

第一九回研究会（第七回シンポジウム）
「二十一世紀、総合人間学は何をめざすか――人間の危機、人類の危機に際し、三年の研究を経て、私たちの『知』の課題を提出する」
二〇〇五年十一月二十六日（土）　東京　専修大学
1　小原　秀雄　現代環境の危機と人間
2　柴田　義松　子どもと教育の危機と人間学
3　長野　　敬　バイオ・エシックスの問題
4　尾関　周二　人間性の基礎としての〈自然さ〉
5　小林　直樹　総合人間学の課題

第二〇回研究会（第一三回研究例会）
「中近東における民族問題」
二〇〇六年三月二十五日（土）　東京・市ヶ谷　実教出版
講演　森戸　幸次

総合人間学会設立記念集会
二〇〇六年五月二七日（土）東京　明治大学
テーマ「人間はどこへ行くのか」
　問題提起　小林直樹（法学）
1　記念講演
　テーマ「知の頽廃と両生」
　講師1　小柴昌俊（東京大学名誉教授）
　講師2　加藤周一（評論家）
　総合人間学に向けて　小原秀雄
2　シンポジウム
　「総合人間学は何を目指すか」
　司会　佐藤節子（法哲学）
　　長野　敬（生物学）
　　尾関周二（哲学）
　　西郷竹彦（文芸学）
　　小尾信彌（天文学）
3　設立総会
　閉会の挨拶　柴田義松

資料2　人間学と人間科学の現状

佐竹幸一

人間学は、現状においては、広い意味で人生論的なものをも含めるならば、研究者の数だけあるといってよい。人間学の名は、日本人にとって魅力的であり、さまざまな意味で使われている。ここでは人間科学とも比較しながら検討することにしよう。

人間学等の名称、検索結果

インターネットで件数を比較してみる。Google による検索結果。

「人間学」について
一九九九年十二月二十二日　二、八七九件
二〇〇五年十一月二十四日　四六、一〇〇件

「人間科学」について
二〇〇〇年七月二十七日　五、七三三件
二〇〇五年十一月二十四日　三〇七、〇〇〇件

「人間学研究所」について
二〇〇〇年七月二十七日　三七件
二〇〇五年十一月二十四日　九、七七〇件

「総合人間学」について
二〇〇五年十一月二十四日一四、五〇〇件

「Humanology」二〇〇五年十一月二十四日　九件
海外も含めると八八四件

検索件数は急速に増加している。ただし、この検索では、たとえば「人間科学」の場合、文章中に「人間」と「科学」が分離された形で含まれている文章も含まれる。その結果非常に多い数となっているため、単純に比較はできない。

1　大学における人間学、人間科学の現状（大学の状況は二〇〇五年十一月現在）

人間学部や人間学科という名称を使っている大学を主に表示した。人間科学部という名称も多く、実際の内容は同じようなものである。この区別は明瞭になっているわけではない。

(1)　**人間学部、人間学科**

京都大学（国）京都市　一九九二年に総合人間学部がつくられた。自然と人間と社会を総合的に探求し、文理融合の「総合人間学」の創出をめざす。人間を総合的学際的に理解するとして、四学科つくられた。人間科学系、

国際文明学系、文化環境学系、認知情報学系、自然科学系の五学系の下に約五〇〇科目。幅広く履修できるように副専攻制度を設置。人間学科は、人間基礎論と生活空間論、総合人間学ゼミナールがある。

筑波大学（国）つくば市　人間学類（第二学群）教育学主専攻、心理学主専攻、心身障害学主専攻　大学院に人間総合科学（D）人間学類は生物、人間、文化に関する諸科学を中心とした広範囲のカリキュラムで「生命、文化」を探求する。人間の精神と行動のしくみ、その発達と形成についての科学的理論と知識の学習を目的とする。英文名　College of Human sciences

静岡大学（国）静岡市　人文学部　社会学科　人間学、社会学、文化人類学、歴史学の各専攻　人間学大講座（Philosophical anthropology）哲学、倫理学中心　人間学を学ぶリンク集を紹介している。

大阪大学（国）吹田市　人間科学部　一九七二年発足　この研究領域としては全国ではじめての学部　人間科学科、行動学、社会学、教育学、人類学、ボランティア学を中心として「人間とは何か」という問題に取り組み、人間らしく生きる社会をつくる。基礎人間学　人間学講座　哲学的人間学　大学院　人間学専攻

岡山大学（国）岡山市　文学部人文学科　五専修コース　バリアフリーを基本コンセプトとし「人間とは何か」の探求に総合的、学際的に取り組むことにより、現代社会の諸課題に対応しうる人材を育成する。大学院人間学専攻　講座哲学、倫理学、芸術論、比較文化論

広島大学（国）東広島市　総合科学部　総合科学科　新たな学際的、総合的な研究の創造をめざす。六プログラムのなかに人間科学プログラムあり、大学院総合人間学講座　二〇〇一年より文学研究科人文学専攻

金沢大学（国）金沢市　文学部人間学科　心理学、社会学、文化人類学、比較文化、哲学　五専攻コース

滋賀県立大学（公）彦根市　一般教養科目をおかず一年から専門科目を、その代わり「人間学」という全学共通科目二五科目をおき、四年間いつでも履修できる

兵庫県立大学（公）神戸市　県立三大学が統合され兵庫県立大学となる。環境人間学部環境人間学科　人間と環境のかかわりを学ぶ

立命館大学（私）京都市　文学部人文学科　教育人間学専攻　統合再編し横断的に自由に学べる総合人間学プログラムあり

追手門学院大学（私）茨木市　人間学部心理学科（臨床心理士など養成）社会学科（実践を通し社会学的に）

名城大学（私）名古屋市　人間学部、人間学科　社会、教育、心理、国際感覚、コミュニケーションをキーワードとし、人間性豊かな実践的教養人の育成をめざす

文京学院大学（私）人間学部は埼玉県ふじみ野市　一九九一年文京女子大学として開学　二〇〇二年校名変更　人間学部大学院（M）人間学研究科、心理学科　学部は共生社会学科、保育学科、人間福祉学科、心理学科

京都文教大学（私）宇治市　一九九六年　人間学部異文化理解と人間の本質を探究　文化人類学科、臨床心理学科、現代社会学科　人間学研究所は人間学の総合的学術的研究を行うことを通じて文化の発展に寄与することを目的とする。『人間学研究所報告』を発行

明治大学（私）千代田区　文学部心理社会学科　臨床人間学専攻　二〇〇五年四月開設　大学院文学研究科臨床心理学と臨床社会学を併せ持った実践学を発展させたもの

玉川大学（私）町田市　文学部人間学科　人間とは何かという観点から多角的に人間にアプローチ

聖泉大学（私）彦根市　人間学部人間心理学科　心理カウンセラーと産業カウンセラーの養成

大阪女子大学（私）堺市　大学院文学研究科　社会人間学専攻

中部大学（私）春日井市　大学院国際人間学研究科二〇〇四年創設　国際人間学研究所　人間統合科学（Global Humanics）の創出をめざす、新たな学問分野の登場

白鳳女子短期大学（私）奈良県王寺町　二〇〇四年国際人間学部を総合人間学科に改変

仁愛大学（私）武生市　二〇〇一年開学　人間学部人間学研究科修士課程　心理学専攻

武蔵野大学（私）西東京市　通信教育部人間学専攻あり　対象となるのは七科目

東亜大学（私）下関市　総合人間・文化学部　人間とは何かを五つの研究室から　人間学研究室　哲学、倫理学と人類学二つの領域から構成されている。

埼玉学園大学（私）川口市　二〇〇一年開学　人間学部人間文化学科　日本の文化・歴史を学ぶ

帝塚山学院大学（私）大阪狭山市　人間文化学部人間学科　実習などをとおして人間の心理を考察

〈宗教系〉

天理大学（私）天理市　天理教　一九九二年に天理大に人間学部がつくられる。宗教学科（天理教学、宗教学）と人間関係学科（臨床心理学、生涯教育、社会福祉）。人間について広く見つめる目を養い、人間のあるべき姿を探求。専攻は宗教と社会、宗教と科学、宗教と思想、人間と心理、人間と教育、人間と福祉の六分野　学部は共生社会学科、保育学科、人間福祉学科、心理学科

上智大学（私）千代田区　キリスト教系　全学共通の必修科目として「人間学」がある。哲学を基盤にし、倫理学や宗教学をふまえ、諸科学など成果も援用して——人間の生き方を総合的にまなび考えていくのが「人間学」である。一九七〇年人間学研究室発足　文学部人間学科、公開講座などを行っている。人間学会があり、『人間学紀要』を発行

ルーテル学院大学（私）キリスト教系　三鷹市二〇〇五年新設　大学院総合人間学研究科　臨床心理学

南山大学（私）名古屋市　キリスト教系　人文学部心理人間学科、「人間とは何か」を追究し、各学科の専門分野を追及しながら、常に可能性を秘めた人間に関する広く深い洞察力を養う

大正大学（私）豊島区　仏教系　一九九三年新設　人間学部仏教学科　人間福祉学科（臨床心理含む）人間科学科

英知大学（私）尼崎市　二〇〇四年よりカトリック、キリスト教系　人間学科総合人間学コース、キリスト教コースのふたつ。キリスト教的人間観に基づき、人間についての総合をめざす。ホームヘルパー二級の資格を取得できる

仙台白百合女子大学（私）仙台市　キリスト教系　人間学部（二〇〇四年文学部から）人間発達学科　総合福祉学科、健康栄養学科、国際教養学科

梅花女子大学（私）茨木市　キリスト教系　現代人間学部人間福祉学科、心理学科、生活環境学科

関西国際大学（私）三木市　キリスト教系　人間学部人間行動学科、英語コミュニケーション学科

鹿児島純心女子大（私）川内市　キリスト教系　一九九四年開学　国際人間学部英語コミュニケーション学科、こども学科

西南女学院大学（私）北九州市　キリスト教系　一九九四年開学　人文学部人文学科　総合人間学概論に基づくカリキュラム　人間とは生物的、心理、社会的そして人格的〈価値を求めて生きる〉存在である

ノートルダム清心女子大学（私）岡山市　キリスト教イエズス会　人間生活学部　人間学研究所あり

梅光学院大学（私）下関市　子ども学部地域未来学コース　人間学ゼミ

〈その他〉

文教大学（私）越谷市　人間科学部人間科学科、人間学専修あり　他に心理、社会、教育　人間学部を人間科学部に改変

放送大学通信制　哲学的人間学　一九八五年藤田健治、哲学的人間学　一九九二年坂本百大　哲学的人間学　一九八八年中埜肇、教育人間学　一九九四年和田修二、フロンティア人間科学　一九九八年中島義明、太田裕彦、総合人間学　二〇〇二年より大学院　柏原啓一、哲学的人間学について

和光大学（私）町田市　一九九五年人間学部を人間関係学部に改変　人間関係学科、人間発達学科

(2)　人間科学部

大阪大学（国）人間科学部（前出）　国立大では唯一人間科学科

早稲田大学（私）所沢市　人間科学部人間環境学科、健康福祉学科、人間情報学科（人間基礎科学科）

文教大学（私）人間科学部（前出）　人間科学科人間

科学総合コース
常磐大学（私）水戸市　人間科学部心理教育学科他
大学院人間科学研究科
大阪人間科学大学（私）摂津市　二〇〇一年開学、人間科学部人間環境学科、社会福祉学科
大阪国際大学（私）枚方市　人間科学部　心理コミュニケーション学科、人間健康学科など
大阪経済大学（私）大阪市　人間科学部人間科学科
人間心理追究など
大阪樟蔭女子大学（私）東大阪市　人間科学部心理学科、児童学科、応用社会学科
東洋英和女学院大学（私）横浜市　人間科学部人間科学科、人間福祉学科
北海道文教大学（私）恵庭市　人間科学部　健康栄養学科
金城学院大学（私）名古屋市　キリスト教系　人間科学部現代こども学科、心理学科
神戸女学院大学（私）西宮市　キリスト教系　人間科学部人間行動、環境人間
武庫川女子大学（私）西宮市　文学部人間科学科　心理、社会福祉
札幌学院大学（私）江別市　人文科学部人間科学科、臨床心理学科　人間の発達をカリキュラムの基本に
新潟大学（国）新潟市　教育人間科学部　人文学部には人間学履修コースもあり

山梨大学（国）甲府市　教育人間科学部
人間総合科学大学（私）岩槻市　二〇〇〇年四月開学通信制大学、始めは早稲田鍼灸専門学校として創立　人間を主として文化的、心理的、身体的側面の三面のみならず統合的に探求する。（人間的統合学）人間科学部人間学科、二〇〇四年大学院　人間総合科学研究所開設心身医療学科
東京農工大学（国）府中市　一九九一年総合人間科学科
熊本大学（国）熊本市　文学部総合人間科学科
琉球大学（国）沖縄県中頭郡西原町　法文学部人間科学科
甲南女子大学（私）神戸市　一九九三年開学、人間科学部心理学科、人間教育科など
愛知みずほ大学（私）豊田市　人間科学部人間科学科健康コース、カウンセリング、社会福祉など
神戸松蔭女子学院大学（私）神戸市　キリスト教系人間科学部心理学科
広島文教女子大学（私）広島市　人間科学部
二〇〇四年文学部より変更　心理学科、人間言語学科

＊ほかに人間関係学部、人間健康学部、人間生活学部、人間福祉学部、人間文化学部、人間社会学部、人間発達学部などさまざまである。

(3) まとめ

一九六〇年の学術会議「人間科学総合研究所案」に基づいて、一九六一年に東京工大に「人間科学研究所」がつくられた。また一九六九年には女子栄養大学に「人間学研究室」がつくられた。

一九七二年に大阪大学に人間科学部がつくられる。そのなかに哲学的人間学の講座もつくられた。その後次々に人間学部や人間科学部がつくられる。新設大学や新設学部にも多く見られるようになり、ひとつの流行となっている。

学際的なユニークな取組みもあるが、全体としては旧態依然たる各講座を寄せ集めただけというものも多い。傾向として、①宗教系の大学が心理学等と結合、②人間科学、行動科学的な内容を人間学の名称に、③人文学部を人間学に改称などがある。人間学という名前は、魅力的であるが、内容的には従来の講座とまったく同じで単に名を変えただけのものもある。

「人間学」そのものについての、基礎的な研究「人間学概論」はまだ十分に研究されていない。ともかく対象とする分野が広すぎるということがある。各大学の人間学、人間科学の連携もあまり見られない。各大学の人間学研究の状況について詳しい研究を必要とする。そしてさまざまな人間学に共通の土俵たるべきものをつくらねばならない。各大学の人間学研究の連携をとる意味でも、総合人間学会の設立は大きな役割を果たすであろう。

2 「人間学」の現状書物の数から検討する

(1) わたくしたちの人間学研究所においては、サブタイトルのものも含め、「人間学」と名のつく本のリストをつくり、また本をできるだけ集めてきた。それにより「人間学」の現状が浮かび出てくる。

ここに示される人間学の分類は佐竹独自の分類法である（二〇〇五年十一月現在）。

	二〇〇五・一一	二〇〇〇・八	人間学研蔵書
「Ⅰ」人間学・総合的なもの	三〇	二三	二五
「Ⅱ」個別人間学	四五一	三四五	一八七
1 哲学的人間学（広義）	一六九	一三一	八五
①哲学的人間学	一一六	八九	六三
②宗教的人間学	四六	三五	一六
③唯物論的・マルクス主義的	八	七	五
2 科学的人間学	二八二	二一四	一〇二
①生物学・医学・工学系	七八	七〇	四二
②心理学系	四三	三七	一二
③教育学系	六九	四二	二五
④社会学系	六三	四五	一二
⑤その他	二九	二〇	八
「Ⅲ」応用人間学	五〇三	四二四	二五四

1　経営人間学・人生人間学	三三二	二九五	一九三
①歴史人間学	一五七	一四〇	四一九
日本	五六	五一	三二
中国	一〇一	八九	八五
②経営人間学・人生人間学	一七五	一五五	七四
経営・リーダーシップ	八三	七一	三九
社会・職場の現状	二八	二七	七
人生人間学。自己啓発等	六四	五七	二八
2　その他の人間学	一七一	一二九	六一
個人の伝記	一四	八	一
神秘主義・占い	四五	三八	二五
その他	一一三	八三	三五
総合計	九八六	七九二	四六六

(2)　**書物における「人間学」と「人間科学」の比較**（和図書に限定）

「人間学」の書名のついたものだけではなく「人間科学」の名のついた書名についてその数を比較してみた。調査内容は、佐竹が集めた書物をベースとし、インターネットで得られた資料で補充した（国立国会図書館の資料電子図書館（http://wwwndl. go. jp/）による）。

二〇〇〇年八月（一九四八年以降受け入れたもの）

人間学　七九一冊

二〇〇五年十一月二十四日　人間学　一一四〇冊

二〇〇〇年八月　人間科学　一五一冊

二〇〇五年一月人間科学　二三八冊

国立国会図書館における書名索引は、①書名にあるもの、②サブタイトルにあるもの、③人間学シリーズなどのなかの本、すべてが含まれている。書名に人間学という名がついているものは半分程度である。国立国会図書館にすべての本があるわけではない。調査の年次ごとに増えている。人間学研究所にあって、国立国会図書館に無いものもある。この資料はあくまでも大まかな参考にするという程度のものである。

このように人間学と名のつく書物の数は人間科学に比べてたいへん多い。また書物の数は調べるうちにかなり増加していく。戦前の哲学的人間学に関する本はかなり多い。ただし分類については人間学研究所にあるもの以外は、ただ書名だけで判断しているため、確実なものとはいえない。だいたいの傾向をつかむためのものである。

佐竹が記録した人間学の書物リスト（二〇〇五年十一月現在）。全体数九八六冊　書名本体にあるもの八〇四冊サブタイトルにあるもの一八二冊

(3)　**年次別の「人間学」の本の数**（国立国会図書館に所蔵されているもので比較）

二〇〇五年十一月　一六冊

二〇〇〇年〜二〇〇四年　一五六冊

一九九五年〜一九九九年　一六七冊

一九九〇年〜一九九四年　一五九冊
一九九四年の四四冊が最多
一九八五年〜一九八九年　一八九冊
一九八〇年〜一九八四年　一四七冊
一九七五年〜一九七九年　一一一冊
一九七〇年〜一九七四年　四四冊
一九六〇年〜一九六九年　五四冊
一九四五年〜一九五九年　二五冊
一九二三年〜一九四四年　五七冊　一九二三年以前のものはコンピューター上だされていない

一八九七年明治三十年の『人間学』大月隆が和図書のはじめであり、その後戦前にもたくさん人間学の本が出版されているはずである。

(4)　人間学の分類について佐竹が人間学を分類するにあたりつけた名前について

総合（的）人間学　人間の全分野を網羅している人間学。人間について総合的、かつ系統的に論じている人間学

人間学概論　人間学そのものについての研究。狭義の人間学ともいえる。人間諸学の比較検討。人間学史を含む。

個別人間学　それぞれの専門分野に基づき人間学的、総合的に人間をとらえようとするもの。哲学的人間学とか、教育（的）人間学など。

応用人間学　人間学の知識などを元に実際の人間の生き方に役立てようというもの。佐竹の「実用的人間学」もここに入る。現状では単なる人生論も多い。

経営人間学　経営に役立てるために歴史上の人物に学ぶ、というものがたいへん多い。とくに最も多いのが中国の論語の人間学や三国志の人間学といったもの。経営人間学の名は、『経営人間学』（山本七平）日本経済新聞社による。

歴史人間学　その中で歴史上の人物に学ぶというものを、「歴史人間学」とした。

人生人間学　人々のよりよい生き方を示すものとしての人間学を人生人間学とした。いわば人生論である。

3　その他の人間学

その他どのような人間学があるか、インターネットを開けば、さまざまなものが人間学の名の下に試みられている。そのいくつかの例をあげる。

(1)　スパスパ人間学　毎週木曜日、二〇〇〇年から二〇〇五年三月末まで、TBSにてとくに健康法を中心に放映されていた。この内容を本にしたものが多数出版されている。

(2)　人間学という名のついた映画「修羅場の人間学」やくざ映画　高嶋政伸　ビデオあり
「修羅の人間学」やくざ映画　安藤昇　東映ビデオ
一九九三年

(3)　血液型人間学研究所　能見正比古、能見俊賢父子による、今流行の血液型人間学の研究所
現在血液型人間科学研究センターとなっている

(4)　人間学研究室　岐阜　カール・ロジャースのクライエント中心療法　大段智亮　看護人間学教室

(5)　人間学アカデミー　麻布学園で竹田青嗣、橋爪大三郎、小浜逸郎らによる哲学社会政治学の講座

(6)　朝霞台相談室臨床人間学研究会

(7)　社員教育研究所「リーダーの情報と人間学」をテーマにしたテレビ教材の販売

(8)　モラロジー（道徳科学）は道徳の視点から自然と社会と人間のすべての領域を考察し、個人の幸福と社会の平和の実現に有効な指針を提示する総合人間学です、とのこと

(9)　総合人間学研究所　所長本多正昭　生涯学習講座で講演

(10)　ノートルダム清心女子大学人間学研究所あり

(11)　青木充の人間学研究所　カルチャーセンターなどで、占いを行う

(12)　サン・クリニック親子人間学研究所　子どもの自律のお手伝い

(13)　創価大学「人間主義研究会」第一四回例会「人間学」の系譜と方法論　山岡政紀創価大助教授

(14)　人間学研究所（真贋ごちゃまぜの現代思想研究）ホームページでいろいろな意見を掲載

(15)　人間学を学ぶためのリンク集　静岡大学人間学大講座と関連

(16)　人間学の同人誌『Becoming』同人代表作田啓一

(17)　人間学講座　二〇〇一年「三島商工会議所青年部主催」

(18)　T・L（トータルライフ）人間学　高橋佳子主宰の新新宗教の一つ

(19)　臨床教育人間学研究会　二〇〇一年六月開設　事務局は東京学芸大学教育学部

(20)　関西大学文学部客員教授桂三枝「日本学1」の「笑いの人間学」講義　二〇〇五年

(21)　総合人間学講座　大阪と神戸で開講している毎日文化センターのカウンセリングを中心とするカルチャースクール　主宰者の河野浩は死去

(22)　ラジオおもしろ人間学　日曜の午前放送　信州大学人文学部の人も参加

(23)　日本人間学会　一九八三年設立　フランクルの精神医学的人間学を研究の中心としている学会である。英名はJapan society of Humanistic Anthropology

(24)　養老孟司　一九九六年　北里大学で「行動学」の講座新聞等では人間学の講座と書かれる

(25) 椙山女子大学　二〇〇六年学園創立一〇〇年を記念して椙山人間学研究センターを設立

4　人間学の書名いろいろ

厳密に分けるとどこかに入るものもあるが、雑多な名前の「人間学」がある。適当な名前をつけて「〜の人間学」といってもだいたいあるという状態である。いくつか例をあげてみよう。

いずれもその名の後に人間学とつく（例『ぐうたら』：『ぐうたら人間学』遠藤周作、講談社）。

もっとも多いのが経営人間学の本である。東洋の処世訓からがもっとも多く、三国志関係や儒学関係のものが多い。『論語の』、『中国名言の』、『老子の』、『名将に学ぶ』、『徳川将軍の』、『徳川吉宗の』など。経営、リーダー論も多い『上に立たせてはいけない人の』、『商売繁盛の』、『管理者の』。ただ単に『人間学』というのも多数ある。『出会いの』は四冊ある。『嘘の』、『うそつきの』、『修羅場の』は二冊ある。

『悪魔の』、『巨人軍』、『禁トイレの』、『競馬』、『馬券』、『橋本龍太郎の』、『はにかみ』、『犯罪の』、『欲望の』、『獄中の』、『動詞』、『添乗』、『さかさま』、『韓国女学生の』、『キャバクラ』、『グーチョキパーの』、『柴犬ごん太の』、『ベンチ裏の』、『笑いの』、『発展の』、『ささえあいの』等々。

シリーズ総合人間学 編者

小林 直樹（第1巻責任編集）
小原 秀雄（第2巻責任編集）
柴田 義松（第3巻責任編集）

シリーズ総合人間学3
現代の教育危機と総合人間学

2006年11月1日 第1版第1刷発行

柴田 義松 編

発行者 田中 千津子
発行所 株式会社 学文社
〒153-0064 東京都目黒区下目黒3-6-1
電話 03（3715）1501（代）
FAX 03（3715）2012
http://ww.gakubunsha.com

印刷所 新灯印刷
製本所 橋本喜太郎製本所

乱丁・落丁の場合は本社でお取替えします。
定価は売上カード，カバーに表示。

ISBN4-7620-1608-X

小林 直樹
小原 秀雄 編
柴田 義松

シリーズ総合人間学（全3巻）

各巻　A5判、約二四〇頁、定価二一〇〇円（税込）

人間はどこから来て、どこへ行くのか、人間とは何か——本シリーズは、二〇〇六年五月に創設された総合人間学会の前身ともいえる総合人間学研究会での討議・報告のなかから、一般に提供して参考に供せられるものを精選して編集されました。

専門分化がすすむ今日の学界状況であるからこそ、総合人間学のような大局観を要する〝上部構造〟の重要性が高まってきています。自然科学、社会科学、人文科学の各領域を横断する、知見に裏打ちされた総合人間学を構築するときがきたといえます。本シリーズでは、各学問領域で活躍する権威三十余名がその蘊蓄を傾け、人間学研究への挑戦を試みています。

第1巻　総合人間学の試み——新しい人間学に向けて　小林直樹 編

第2巻　生命・生活から人間を考える　小原秀雄 編

第3巻　現代の教育危機と総合人間学　柴田義松 編